U0115903

中國共產黨為什麼是偉大的黨

人民日報社理論部　編

目　錄

第一章

中國共產黨是高舉馬克思主義偉大旗幟、理論上十分成熟並且不斷發展的偉大政黨

實現中華民族偉大復興的行動指南

馬建堂

　　黨的十九大將習近平新時代中國特色社會主義思想確立為我們黨的行動指南，實現了黨的指導思想的又一次與時俱進。這是黨的十九大的一個重大歷史貢獻。習近平新時代中國特色社會主義思想以全新的視野深化對共產黨執政規律、社會主義建設規律、人類社會發展規律的認識，從理論和實踐的結合上系統回答了新時代堅持和發展什麼樣的中國特色社會主義、怎樣堅持和發展中國特色社會主義這個重大時代課題。習近平新時代中國特色社會主義思想是馬克思主義中國化最新成果，是黨的十九大報告的靈魂，是全黨全國人民為實現中華民族偉大復興而奮鬥的行動指南。我們要以習近平新時代中國特色社會主義思想為指導，把新時代中國特色社會主義偉大事業不斷推向前進，為實現中華民族偉大復興的中國夢不懈奮鬥。

在馬克思主義中國化進程中具有里程碑意義

　　在革命、建設、改革各個歷史時期，我們黨堅持馬克思主義基本原理同中國具體實際相結合，運用馬克思主義立場、觀點、方法研究解決各種重大理論和實踐問題，不斷推進馬克思主義中國化，產生了毛澤東思想、鄧小平理論、「三個代表」重要思想、科學發展觀等重大成果，指導黨和人民取得了新民主主義革命、社會主義革命和社會主義建設、改革開放的偉大成就。當前，中國特色社會主義進入了新時代。新時代呼喚新思想。習近平新時代中國特色社會主義思想是對馬克思列寧主義、毛澤東思想、鄧小平理論、「三個代表」重要思想、科學發展觀的繼承和發展，是 21 世紀中國的馬克思主義，是馬克思主義中國化最新成果，為發展馬克思主義作出了中國的原創性貢獻，在馬克思主義中國化進程中具有里程碑意義。

　　具有宏大歷史視野和清醒歷史認識，堅持和發展了馬克思主義唯物史觀。歷史思維是習近平同志一直以來十分強調並注重運用的重要思維，他經常告誡全黨：「一個民族、一個國家，必須知道自己是誰，是從哪裡來的，要到哪裡去。」在黨的十九大報告開篇，習近平同志就開宗明義地指出中國共產黨人的初心和使命：為中國人民謀幸福，為中華民族謀復興。他接著又總結過去 5 年的工作和歷史性變革，得出中國特色社會主義進入了新時代的重大政治論斷；專門闡釋新時代中國共產黨的歷史使命，強調中國共產黨要始終成為堅持和發展中國特色社會主義歷史進程中的堅強領導核心，為實現中華民族偉大復興的歷史使命付出更為艱巨、更為艱苦的努力。對歷史方位的科學判斷、對歷史使命的自覺認識，彰顯了習近平新時代中國特色社會主義

思想宏大的歷史視野、清醒的歷史認識，是對馬克思主義唯物史觀的創造性運用。

　　堅持實事求是、與時俱進，堅持和發展了馬克思辯證唯物主義思想。習近平同志在黨的十九大報告中提出「一個變」與「兩個沒有變」的重大政治論斷，即：我國社會主要矛盾已經轉化為人民日益增長的美好生活需要和不平衡不充分的發展之間的矛盾；同時我國仍處於並將長期處於社會主義初級階段的基本國情沒有變，我國是世界最大發展中國家的國際地位沒有變。經過改革開放近 40 年的快速發展，我國社會生產力水準總體上顯著提高，社會生產能力在很多方面進入世界前列；同時，人民美好生活需要日益廣泛。面對我國社會生產和社會需求發生的新變化，堅持實事求是的思想路線，理應對社會主要矛盾作出新的概括。同時也要看到，我國社會主要矛盾的變化，沒有改變我們對我國社會主義所處歷史階段的判斷。我們仍要牢牢把握社會主義初級階段這個基本國情，牢牢立足社會主義初級階段這個最大實際，牢牢堅持黨的基本路線這個黨和國家的生命線、人民的幸福線。「一個變」與「兩個沒有變」的重大政治論斷，充分體現了以習近平同志為核心的黨中央對我國國情的清醒認識和對國際形勢的深刻理解，具有強烈的時代氣息和現實針對性。

核心要義是堅持和發展中國特色社會主義

　　世界社會主義在曲折中走過了 500 多年的歷程。中國特色社會主義的開創和發展使世界社會主義發展進入到新階段，提升了社會主義在全世界的生命力和吸引力。黨的十八大以來，我國取得了全方位、

開創性的歷史性成就，發生了深層次、根本性的歷史性變革。習近平新時代中國特色社會主義思想以堅持和發展中國特色社會主義為核心要義，深刻揭示了新時代中國特色社會主義的本質特徵、發展規律和建設路徑，使科學社會主義在 21 世紀的中國煥發出強大生機活力。

如何在經濟文化落後的國家建設、鞏固和發展社會主義，馬克思主義經典作家並沒有給出現成答案。中國特色社會主義道路的開闢破解了這一難題。我們黨團結帶領人民完成社會主義革命，確立社會主義基本制度，為當代中國一切發展進步奠定了根本政治前提和制度基礎。社會主義基本制度建立起來後，如何進一步鞏固和發展？歷史已經證明，只有改革開放才能發展中國、發展社會主義、發展馬克思主義。黨的十八大以來，以習近平同志為核心的黨中央推進全面深化改革，破除各方面體制機制弊端，使黨和人民的事業獲得強大動力。習近平新時代中國特色社會主義思想把中國特色社會主義和實現社會主義現代化、實現中華民族偉大復興有機貫通起來，深刻回答了新時代堅持和發展中國特色社會主義的一系列重大問題，為中國特色社會主義注入了新的科學內涵，進一步激發了新時代中國特色社會主義的蓬勃生機和活力。

習近平同志對世界社會主義 500 年歷史的發展有著深刻理解，他從 6 個時間段分析了社會主義思想從提出到現在的歷史過程，內容包括空想社會主義產生和發展，馬克思、恩格斯創立科學社會主義理論體系，列寧領導十月革命勝利並實踐社會主義，蘇聯模式逐步形成，新中國成立後我們黨對社會主義的探索和實踐，我們黨作出進行改革開放的歷史性決策、開創和發展中國特色社會主義。中國特色社會主義為科學社會主義理論寶庫增添了新內容，把科學社會主義理論和實

踐推進到新境界、新階段。習近平新時代中國特色社會主義思想，涵蓋改革發展穩定、內政外交國防、治黨治國治軍各個領域，構成了系統完備、邏輯嚴密、內在統一的科學體系，描繪出建成社會主義現代化強國的美好藍圖，是對科學社會主義理論的進一步豐富和發展。

為中華民族偉大復興指明奮鬥方向

　　100多年前，西方列強用堅船利炮打開中國大門，從那時起，中國人民為實現國家富強探索各種方案，中華民族偉大復興便成為中國人民最偉大的夢想。今天，我國經濟實力、科技實力、國防實力、綜合國力進入世界前列，中華民族正以嶄新的面貌屹立於世界的東方。中國特色社會主義進入了新時代，我們比歷史上任何時候都更接近、更有信心和能力實現中華民族偉大復興。然而，中華民族偉大復興絕不是輕輕鬆鬆、敲鑼打鼓就能實現的，既需要黨團結帶領全國人民一件事情接著一件事情辦、一年接著一年幹，更需要高瞻遠矚的頂層設計和戰略部署。習近平新時代中國特色社會主義思想回答了新時代堅持和發展中國特色社會主義的總目標、總任務、總體佈局、戰略佈局和發展方向、發展方式、發展動力、戰略步驟、外部條件、政治保證等基本問題，為中華民族偉大復興指明了奮鬥方向、提供了奮鬥指南和行動綱領。

　　習近平新時代中國特色社會主義思想內涵十分豐富，涵蓋了經濟、政治、法治、科技、文化、教育、民生、民族、宗教、社會、生態文明、國家安全、國防和軍隊、「一國兩制」和祖國統一、統一戰線、外交、黨的建設等各方面。在習近平新時代中國特色社會主義思想指

引下，我們黨提出一系列新理念新思想新戰略，出臺一系列重大方針政策，推出一系列重大舉措，推進一系列重大工作，解決了許多長期想解決而沒有解決的難題，辦成了許多過去想辦而沒有辦成的大事，推動黨和國家事業發生歷史性變革。我國經濟實力、科技實力、國防實力、綜合國力、國際影響力和人民獲得感顯著提升，黨的面貌、國家的面貌、人民的面貌、軍隊的面貌、中華民族的面貌都發生了前所未有的變化。習近平新時代中國特色社會主義思想源於實踐又指導實踐，為新時代堅持和發展中國特色社會主義、推進黨和國家事業提供了基本遵循，為實現「兩個一百年」奮鬥目標和中華民族偉大復興中國夢提供了「路線圖」和「方法論」。

在黨的十九大報告中，習近平同志明確指出，從現在到 2020 年，是全面建成小康社會決勝期。從 2020 年到本世紀中葉可以分兩個階段來安排：第一個階段是從 2020 年到 2035 年，基本實現社會主義現代化；第二個階段是從 2035 年到本世紀中葉，把我國建成富強民主文明和諧美麗的社會主義現代化強國。這一戰略安排，使中華民族偉大復興的時間表更加清晰，順應中國人民對美好生活的嚮往。習近平新時代中國特色社會主義思想最大程度地凝聚起全體中華兒女的磅礴力量，共同為實現中華民族偉大復興的中國夢而奮鬥。

《人民日報》（2017 年 11 月 14 日　07 版）

「四新」彰顯黨的十九大思想靈魂和精髓要義

甄占民

黨的十九大取得具有劃時代意義的豐碩成果，其根本原因在於我們黨深刻把握時代脈搏、實踐要求和人民期待，在治國理政一系列重大理論和實踐問題上實現重大突破，在系統謀劃黨和國家未來發展中昭示中華民族偉大復興的光明前景。這裡面，帶有思想靈魂和精髓要義性質的內容集中體現在新時代、新指南、新戰略、新作為這「四新」上。

進入新時代：標明堅持和發展中國特色社會主義新的歷史方位和時代座標

「凡益之道，與時偕行」。黨的十九大作出中國特色社會主義進入新時代的科學論斷，用「三個意味著」「五個時代」等系統闡釋進入新時代的歷史意義和基本特徵，反映出我們黨把握中國發展大勢的高度清醒和自覺，為推進各方面事業發展提供總的依據和座標。

回顧 90 多年的奮鬥歷程，我們黨歷來重視對中國發展進程的把握，並根據社會矛盾運動提出不同時期的發展目標和主要任務。早在革命戰爭時期，毛澤東同志就指出：「認清中國的國情，乃是認清一切革命問題的基本的根據。」改革開放以來，我們黨注重在準確研判

國際國內形勢變化的基礎上提出發展的重點方向和目標，如解決人民的溫飽問題、建設小康社會、全面建成小康社會等，都是依據中國社會「時」與「勢」的變化和階段性特徵確立的，並在此過程中不斷賦予黨的目標使命、理論路線、方針政策以新的歷史內涵。對此，習近平同志指出，要認識和把握我國社會發展的階段性特徵，要堅持辯證唯物主義和歷史唯物主義的方法論，從歷史和現實、理論和實踐、國內和國際等的結合上進行思考，從我國社會發展的歷史方位上來思考，從黨和國家事業發展大局出發進行思考，得出正確結論。

在中國社會發展迎來新的重大飛躍的背景下，黨的十九大作出中國特色社會主義進入新時代的重大政治論斷，又一次為認識和把握我國發展新的歷史方位提供總的引領。這是深入把握黨的十八大以來黨和國家事業發生歷史性變革而作出的科學論斷，是深入把握中國社會主要矛盾發展變化而作出的科學論斷，是深入把握中國未來發展趨勢而作出的科學論斷。量變中有質變，漸進中有突破。黨的十八大以來的5年極不平凡。在新中國成立特別是改革開放以來我國發展取得成就的基礎上，以習近平同志為核心的黨中央帶領全黨全國人民推動黨和國家事業發生歷史性變革，使我國發展站到新的歷史起點上。隨著我國由「生存型社會」向「發展型社會」轉變，社會主要矛盾已經轉化為人民日益增長的美好生活需要和不平衡不充分的發展之間的矛盾，人們對公平正義、民主法治、共同富裕，對促進人的全面發展、實現社會全面進步產生了新的更高期待。

作出中國特色社會主義進入新時代的科學論斷，目的是要找准分析和觀察問題的基點，找准推進和做好各方面工作的重點，把握好主攻方向和矛盾的主要方面，譜寫好中國特色社會主義的新篇章。與此

相聯繫，黨的十九大系統闡述了新時代中國共產黨實現中華民族偉大復興的歷史使命。這就是要認清進入新時代的崇高使命，把實現偉大夢想與進行偉大鬥爭、建設偉大工程、推進偉大事業有機統一起來，在順應歷史、現在、未來的大勢中繼往開來，強化對實現國家富強、民族振興、人民幸福使命的自覺擔當。

確立新指南：用習近平新時代中國特色社會主義思想彙聚民族復興的磅礴偉力

　　思想建黨、理論強黨是馬克思主義政黨建設的鮮明特色，是我們黨的獨特優勢和核心競爭力。黨的十九大把習近平新時代中國特色社會主義思想確立為黨的指導思想，實現了黨的指導思想又一次與時俱進。

　　對習近平新時代中國特色社會主義思想的時代背景、形成過程、豐富內涵和歷史地位，黨的十九大報告作出全面系統闡述，強調它是在系統回答新時代堅持和發展什麼樣的中國特色社會主義、怎樣堅持和發展中國特色社會主義這個重大時代課題中形成的，是對馬克思列寧主義、毛澤東思想、鄧小平理論、「三個代表」重要思想、科學發展觀的繼承和發展，是馬克思主義中國化最新成果，是黨和人民實踐經驗和集體智慧的結晶，是中國特色社會主義理論體系的重要組成部分，是全黨全國人民為實現中華民族偉大復興而奮鬥的行動指南，必須長期堅持並不斷發展。如何認識黨的十九大的相關闡述？最基本的是要循著回應時代課題→得到時代檢驗→滿足時代需要的脈絡去理解，也就是我們黨一貫堅持和反復強調的：堅持老祖宗、講出新話語，

與時俱進形成新的思想理論。

習近平新時代中國特色社會主義思想科學回答了當今中國發展新的時代課題。黨的十八大以來，習近平同志圍繞堅持和發展中國特色社會主義這一鮮明主題，以馬克思主義政治家的戰略思維深邃洞察當今時代潮流，以高超的政治智慧和高度的理論自覺回答時代和實踐發展對黨治國理政提出的新課題，提出一系列富有創見的新理念新思想新戰略。它涵蓋改革發展穩定、內政外交國防、治黨治國治軍各個方面，無論理論創新的廣度還是透視現實的深度都是創造性和歷史性的。可以說，在每個領域、每個方面都講出了新話，形成一個主題突出、系統完整的思想理論體系。

習近平新時代中國特色社會主義思想是為實踐所證明、有效管用的行動指南。判斷一切思想理論的成敗得失，最重要的是用事實說話、用實踐成效檢驗。5年來，我們黨以堅定的政治定力革除積弊，以深厚的為民情懷推動發展，提出一系列新理念新思想新戰略，出臺一系列重大方針政策，推出一系列重大舉措，推進一系列重大工作，解決了許多長期想解決而沒有解決的難題，辦成了許多過去想辦而沒有辦成的大事，推動黨和國家事業發生歷史性變革，彰顯出習近平新時代中國特色社會主義思想的巨大力量。人們讚譽管黨治黨帶來的黨心民心大凝聚，讚譽改革攻堅取得的重大突破，讚譽黨、國家、軍隊、人民和民族面貌的新氣象，表達了對這一新思想的高度認同。

習近平新時代中國特色社會主義思想為人類文明發展貢獻中國智慧、中國方案。中國人素有「天下情懷」，「窮則獨善其身，達則兼善天下」是中華民族觀照人類發展的基本理念。黨的十八大以來，習近平同志統籌國內國際兩個大局，以一系列關懷人類命運和佔據道義

制高點的思想觀點，為世界和平發展和人類文明進步指明了方向。例如，人類命運共同體、「一帶一路」倡議和正確義利觀、新安全觀、新發展理念、全球治理觀等，都以強大的思想感召力和實踐魅力得到世界上日益廣泛的歡迎和認同。

實施新戰略：制定全面建設社會主義現代化國家的時間表和路線圖

高度重視國家發展戰略的謀劃和實施，是我們黨的一個優良傳統和基本經驗。從 20 世紀五六十年代提出「兩步走」戰略，到改革開放後提出「三步走」、新「三步走」等戰略，都有力引領著國家的發展進步和現代化進程。

黨的十九大圍繞新時代實現中華民族偉大復興新的歷史使命，以系統、前瞻和發展的眼光提出分兩步走在本世紀中葉建成社會主義現代化強國的戰略安排，進一步豐富和發展了我國現代化建設的戰略思想，完整勾畫了全面建設社會主義現代化國家的時間表和路線圖。這一戰略安排具有方向統領性，從中國特色社會主義長遠發展進程來謀劃，從中華民族偉大復興和中國人民整體福祉來謀劃，將決勝全面建成小康社會後的 30 年分成「兩個 15 年」，必將對各個領域、各方面的工作起到統領作用，推動形成全國一盤棋的局面。這一戰略安排具有現實可行性，它充分考慮我國發展面臨的良好態勢與重大挑戰之間的關係，考慮人民群眾當前需要與未來社會發展可能之間的關係，保證目標的整體推進和突出重點相統一、可預期性與漸進優化相統一。這一戰略安排具有很強的激勵性，具有強大凝聚力、吸引力和感召

力，必將激發起全黨全國人民團結奮進的強大力量。

　　實施這一戰略安排，既是一個歷史的奮鬥過程，又是一個複雜的系統工程，重要的是保持戰略上的定力和耐力，「一錘一錘接著敲，一張藍圖繪到底」。

展現新作為：確保黨和國家事業發展宏偉藍圖順利實現

　　進入新時代、遵循新指南、實施新戰略，最終要落到新作為上。習近平同志在黨的十九大報告中指出，以永不懈怠的精神狀態和一往無前的奮鬥姿態，繼續朝著實現中華民族偉大復興的奮鬥目標奮勇前進。他還強調，中國特色社會主義進入新時代，我們黨一定要有新氣象新作為。堅持不忘初心、牢記使命，保持銳意進取、埋頭苦幹的勁頭，既是黨的十九大提出的重要要求，又是落實大會制定的宏偉藍圖的可靠保證。

　　我們黨一路走來，從小到大、從弱到強，克服千難萬險，取得一個又一個勝利，靠的是為崇高目標不懈奮鬥的頑強意志和行動力量。從「進京趕考」之初毛澤東同志提出「兩個務必」，到改革開放之初鄧小平同志提出「沒有一股子氣呀、勁呀，就走不出一條好路，走不出一條新路，就幹不出新的事業」，再到習近平同志強調「天上不會掉餡餅」「撸起袖子加油幹」，都是如此。進入新時代、站上新起點，實現「兩個一百年」奮鬥目標和中華民族偉大復興的中國夢，實際上是歷史征程的再出發、再趕考；有效應對重大挑戰、抵禦重大風險、克服重大阻力、解決重大矛盾，保證各項戰略任務順利實施，要靠頑強不懈的奮鬥意志和敢於進取的實際行動。

　　空談誤國，實幹興邦。深入學習貫徹黨的十九大精神，要求全黨強化使命感、責任感和擔當感，以習近平新時代中國特色社會主義思想統一思想和行動，緊密聯繫各地區各領域的實際，把黨的十九大的戰略部署變為具體的思路、舉措和行動，貫徹落實好各方面任務。要勇於直面新時代條件下的突出問題和主要矛盾，抓重點、補短板、強弱項，推動實現更高品質、更有效率、更加公平、更可持續的發展；堅定不移全面從嚴治黨，扭住黨的政治建設這個龍頭，不斷提高黨的執政能力和領導水準，為決勝全面建成小康社會、實現中華民族偉大復興的中國夢提供堅強政治保證。

　　　　　　　　《人民日報》（2017 年 11 月 01 日　　07 版）

黨的十九大最重大的理論成就

李洪峰

　　我們黨是高舉馬克思主義偉大旗幟、理論上十分成熟並且不斷發展的偉大政黨。黨的全國代表大會作為黨的最高領導機關，在推動黨的事業發展和黨的理論建設中具有極為重要的作用。改革開放以來，黨的歷次全國代表大會都在理論建設上作出重要貢獻。黨的十九大最重大的理論成就，就是把習近平新時代中國特色社會主義思想寫在黨的旗幟上，確立為黨必須長期堅持的指導思想，實現了黨的指導思想又一次與時俱進。

把習近平新時代中國特色社會主義思想確立為黨必須長期堅持的指導思想，實現了黨的指導思想又一次與時俱進

　　黨的十九大是在我國全面建成小康社會決勝階段、中國特色社會主義進入新時代的關鍵時期召開的一次十分重要的大會。這次大會分析了國際國內形勢發展變化，回顧和總結了過去五年的工作和歷史性變革，作出了中國特色社會主義進入了新時代、我國社會主要矛盾已經轉化為人民日益增長的美好生活需要和不平衡不充分的發展之間的矛盾等重大政治論斷，深刻闡述了新時代中國共產黨的歷史使命，提出了新時代堅持和發展中國特色社會主義的基本方略，確定了決勝全

面建成小康社會、開啟全面建設社會主義現代化國家新征程的目標，對新時代推進中國特色社會主義偉大事業和黨的建設新的偉大工程作出了全面部署。其中，黨的十九大最重大的理論成就，就是把習近平新時代中國特色社會主義思想寫在黨的旗幟上，確立為黨必須長期堅持的指導思想，實現了黨的指導思想又一次與時俱進。這一重大理論成就具有重大政治意義、理論意義、實踐意義。

　　黨的十八大是習近平新時代中國特色社會主義思想形成的歷史起點 黨的十八大以來的5年，以習近平同志為核心的黨中央不忘初心、砥礪奮進，有效應對國際國內諸多風險和挑戰，解決了許多長期想解決而沒有解決的難題，辦成了許多過去想辦而沒有辦成的大事，取得全方位、開創性的歷史性成就，黨和國家事業發生深層次、根本性的歷史性變革，中國特色社會主義進入新時代。在這個過程中，習近平同志從理論和實踐的結合上，以巨大政治勇氣和強烈歷史擔當，圍繞回答新時代堅持和發展什麼樣的中國特色社會主義、怎樣堅持和發展中國特色社會主義這個重大時代課題，進行艱辛理論探索，取得重大理論創新成果，創立了習近平新時代中國特色社會主義思想。黨的十八大以來，黨和國家事業之所以能攻堅克難，全面開創新局面，從根本上說是因為有以習近平同志為核心的黨中央的堅強領導，是因為有習近平同志作為黨中央核心、全黨核心的堅強領導，是因為有習近平新時代中國特色社會主義思想的科學指引。

　　全面建設社會主義現代化強國，這是黨和國家面向未來最重要的任務，也是習近平新時代中國特色社會主義思想形成的時代條件。一部十九大報告，就是習近平新時代中國特色社會主義思想的科學詮釋和充分體現，是我們黨在新時代極富原創性、經典性、源泉性的強國

論、戰略論、人民論，具有承前啟後、繼往開來的劃時代的里程碑意義。這部報告進一步指明了黨和國家事業的前進方向，是我們黨團結帶領全國各族人民堅持和發展中國特色社會主義的政治宣言和行動綱領，也是習近平新時代中國特色社會主義思想的集中體現。黨的十九大把習近平新時代中國特色社會主義思想寫在黨的旗幟上，確立為黨必須長期堅持的指導思想，實現了黨的指導思想又一次與時俱進，為奪取新時代中國特色社會主義偉大勝利、實現「兩個一百年」奮鬥目標和中華民族偉大復興的中國夢提供了科學理論指導。

習近平新時代中國特色社會主義思想是一個博大精深的科學理論體系

習近平新時代中國特色社會主義思想的主題，就是從理論和實踐結合上系統回答新時代堅持和發展什麼樣的中國特色社會主義、怎樣堅持和發展中國特色社會主義這一重大時代課題。這個主題，是對鄧小平理論的主題、「三個代表」重要思想的主題、科學發展觀的主題的繼承、發展、深化和昇華。

習近平新時代中國特色社會主義思想，包括新時代堅持和發展中國特色社會主義的總目標、總任務、總體佈局、戰略佈局和發展方向、發展方式、發展動力、戰略步驟、外部條件、政治保證等基本問題，它根據新的實踐對經濟、政治、法治、科技、文化、教育、民生、民族、宗教、社會、生態文明、國家安全、國防和軍隊、「一國兩制」和祖國統一、統一戰線、外交、黨的建設等各方面作出理論分析和政策指導。這一科學理論體系，既是中國特色社會主義理論體系的

重要組成部分，又是對中國特色社會主義理論體系的重大發展。

　　習近平新時代中國特色社會主義思想的主要內涵，是根據新時代新征程面臨的新形勢新任務闡述的「八個明確」：一是明確堅持和發展中國特色社會主義的總任務是實現社會主義現代化和中華民族偉大復興，提出在全面建成小康社會的基礎上分兩步走在本世紀中葉建成富強民主文明和諧美麗的社會主義現代化強國，提出建設社會主義現代化強國的目標，並且豐富了建設社會主義現代化強國的內涵；二是明確新時代我國社會主要矛盾是人民日益增長的美好生活需要和不平衡不充分的發展之間的矛盾，強調必須堅持以人民為中心的發展思想，不斷促進人的全面發展、全體人民共同富裕；三是明確中國特色社會主義事業總體佈局是「五位一體」、戰略佈局是「四個全面」，強調堅定道路自信、理論自信、制度自信、文化自信，這是黨的十八大以來新時代中國特色社會主義理論和實踐的重大發展和主要經驗；四是明確全面深化改革總目標是完善和發展中國特色社會主義制度、推進國家治理體系和治理能力現代化，這是新時代中國特色社會主義發展的根本動力和體制制度保障；五是明確全面推進依法治國總目標是建設中國特色社會主義法治體系、建設社會主義法治國家，這是新時代中國特色社會主義發展的法治保障和治理方式；六是明確黨在新時代的強軍目標是建設一支聽黨指揮、能打勝仗、作風優良的人民軍隊，把人民軍隊建設成為世界一流軍隊，這是新時代中國特色社會主義發展和全面建設社會主義現代化強國的重要基石；七是明確中國特色大國外交要推動構建新型國際關係，推動構建人類命運共同體，這是新時代中國特色社會主義發展的外部條件；八是明確中國特色社會主義最本質的特徵是中國共產黨領導，中國特色社會主義制度的最大

優勢是中國共產黨領導，黨是最高政治領導力量，提出新時代黨的建設總要求，突出政治建設在黨的建設中的重要地位，這是新時代中國特色社會主義發展的根本政治保證。習近平同志闡述了堅持和發展中國特色社會主義的「十四條堅持」，這是對改革開放近 40 年和黨的十八大以來 5 年經驗的深入總結，也是對黨的基本綱領、基本經驗、基本要求的深度整合和昇華，具有長遠指導意義。

　　總起來說，習近平新時代中國特色社會主義思想，明確回答了我們黨在新時代舉什麼旗、走什麼路、以什麼樣的精神狀態、擔負什麼樣的歷史使命、實現什麼樣的奮鬥目標等重大理論和實踐問題，是對馬克思列寧主義、毛澤東思想、鄧小平理論、「三個代表」重要思想、科學發展觀的繼承和發展，是馬克思主義中國化最新成果，是黨和人民實踐經驗和集體智慧的結晶，是中國特色社會主義理論體系的重要組成部分，是全黨全國人民為實現中華民族偉大復興而奮鬥的行動指南，必須長期堅持並不斷發展。

　　黨的生機活力首先是思想理論上的生機活力，黨的創造力凝聚力戰鬥力首先是思想理論上的創造力凝聚力戰鬥力。習近平新時代中國特色社會主義思想的形成，把我們黨對共產黨執政規律、社會主義建設規律和人類社會發展規律的認識提高到新境界、新水準，把馬克思主義中國化、時代化、大眾化提高到新境界、新水準，是我們黨在新時代充滿生機活力、具有強大創造力凝聚力戰鬥力的生動表現和根本標誌。

堅持用習近平新時代中國特色社會主義思想武裝全黨

　　遵循實踐、認識、再實踐、再認識的馬克思主義認識論，黨的理論創新、理論建設和理論指導的過程包括從實踐上升為理論和從理論再回到實踐這樣兩個緊密聯繫、相互作用的能動過程。習近平新時代中國特色社會主義思想被確立為黨必須長期堅持的指導思想後，擺在全黨面前最重大的政治任務，就是要下大功夫、花大氣力切實抓好用習近平新時代中國特色社會主義思想武裝全黨的工作。

　　深入學習貫徹黨的十九大精神，重中之重是要深入學習貫徹習近平新時代中國特色社會主義思想這一黨的十九大報告的思想靈魂。全黨要深刻學習領會習近平新時代中國特色社會主義思想的豐富內涵、精神實質、重大意義和歷史地位，牢牢把握習近平新時代中國特色社會主義思想「八個明確」，牢牢把握新時代堅持和發展中國特色社會主義「十四條堅持」，認真組織好黨的十九大精神宣傳教育和學習培訓。各級黨委要堅持把政治建設擺在首位，把用習近平新時代中國特色社會主義思想武裝全黨作為加強黨的建設的重中之重和中心環節，用理論武裝工作統領領導班子建設和黨的建設各項工作，推動全黨更加自覺地為實現新時代黨的歷史使命不懈奮鬥。

　　時代是思想之母，實踐是理論之源。每個時代都會面臨不同於其他時代的新問題，回答和解決這些新問題必然產生不同於其他時代的新理論和新實踐。時代推動實踐，實踐呼喚理論，理論又引導和推動時代和實踐前進。這就是時代、實踐和理論相互聯繫、相互作用的辯證法。中國共產黨是解放思想、實事求是、與時俱進、求真務實的黨。我們黨歷來靠馬克思主義真理吃飯，理論優勢始終是我們黨的核心優

勢。中國特色社會主義進入新時代,要求我們黨比以往任何時代都要有更高的理論自覺,更加重視理論創新和理論建設,更加重視全黨理論素養的提高。只要我們堅持用習近平新時代中國特色社會主義思想武裝全黨,我們黨的創造力、凝聚力、戰鬥力就能大大提高,從而更好擔負起新時代賦予我們黨的進行偉大鬥爭、建設偉大工程、推進偉大事業、實現偉大夢想,全面建設社會主義現代化強國的崇高使命。

《人民日報》(2017 年 10 月 31 日　07 版)

用習近平新時代中國特色社會主義思想武裝全黨

石仲泉

　　中華民族是為人類文明進步作出過巨大貢獻的偉大民族。中國共產黨作為中華文明的傳承者和弘揚者，在近百年時間裡為實現中華民族偉大復興進行了艱苦卓絕的奮鬥，不斷創造改天換地的奇跡。經過長期努力，中國特色社會主義進入了新時代。黨的十八大以來，以習近平同志為核心的黨中央從理論和實踐結合上系統回答了新時代堅持和發展什麼樣的中國特色社會主義、怎樣堅持和發展中國特色社會主義這個重大時代課題，形成了習近平新時代中國特色社會主義思想。用習近平新時代中國特色社會主義思想武裝全黨，是當前必須著力抓好的重大政治任務。

習近平新時代中國特色社會主義思想是偉大的理論創新

　　中國共產黨是一個不斷創造歷史、不斷創新理論的馬克思主義政黨。黨在誕生後即投入反帝反封建的革命洪流中，帶領人民進行 28 年浴血奮戰，取得新民主主義革命的偉大勝利，建立了新中國。隨後又完成了社會主義革命。在這一過程中，我們黨把馬克思主義基本原理同中國革命的具體實踐結合起來，形成了毛澤東思想。

　　改革開放以來，我們黨團結帶領中國人民進行新的偉大革命，破

除阻礙國家和民族發展的一切思想和體制障礙，開闢了中國特色社會主義道路，使中國大踏步趕上時代。從那時起，中國特色社會主義就是黨的全部理論和實踐的主題，黨形成的新的理論成果首先是鄧小平理論，隨後又有「三個代表」重要思想和科學發展觀，從而形成中國特色社會主義理論體系。

　　黨的十八大以來，以習近平同志為核心的黨中央面對世界經濟復蘇乏力、局部衝突和動盪頻發、全球性問題加劇的外部環境，面對我國經濟發展進入新常態等一系列深刻變化，面對黨面臨的「四大考驗」「四種危險」和管黨治黨「寬鬆軟」等突出問題，以巨大的政治勇氣和強烈的責任擔當推動黨和國家事業發生歷史性變革，使中國特色社會主義事業取得了前所未有的全方位、開創性成就。黨的十八大以來，在新中國成立特別是改革開放以來我國發展取得的重大成就基礎上，經過砥礪奮進，中國特色社會主義進入了新時代。它意味著我國發展站到新的歷史起點，達到新的歷史方位。在這一歷史進程中，我們黨形成了習近平新時代中國特色社會主義思想。

　　習近平新時代中國特色社會主義思想是對中國特色社會主義進入新時代後新的實踐經驗的科學概括，也是對共產黨執政規律、社會主義建設規律、人類社會發展規律認識的深化，具有偉大的理論創新意義。新時代到底是一個什麼樣的時代？習近平同志在黨的十九大報告中作出深刻闡述：是承前啟後、繼往開來、在新的歷史條件下繼續奪取中國特色社會主義偉大勝利的時代，是決勝全面建成小康社會、進而全面建設社會主義現代化強國的時代，是全國各族人民團結奮鬥、不斷創造美好生活、逐步實現全體人民共同富裕的時代，是全體中華兒女勠力同心、奮力實現中華民族偉大復興中國夢的時代，是我國日

益走近世界舞臺中央、不斷為人類作出更大貢獻的時代。從這一新的歷史方位出發，習近平新時代中國特色社會主義思想從理論和實踐結合上系統回答了新時代堅持和發展什麼樣的中國特色社會主義、怎樣堅持和發展中國特色社會主義這個重大時代課題。

習近平新時代中國特色社會主義思想是對馬克思列寧主義、毛澤東思想、鄧小平理論、「三個代表」重要思想、科學發展觀的繼承和發展，是馬克思主義中國化最新成果，是黨和人民實踐經驗和集體智慧的結晶，是中國特色社會主義理論體系的重要組成部分，是全黨全國人民為實現中華民族偉大復興而奮鬥的行動指南。這一科學理論體系緊密結合新的時代條件和實踐要求，開闢了馬克思主義新境界，使當代中國馬克思主義展現出更強大、更有說服力的真理力量。這一科學理論體系不僅是新的歷史條件下我們黨治國理政的偉大綱領，而且為解決人類問題貢獻了中國智慧和中國方案，具有深遠世界意義。

深入理解習近平新時代中國特色社會主義思想的豐富內涵

習近平新時代中國特色社會主義思想覆蓋全面、內涵豐富，具有鮮明的繼承性、創新性、人民性、科學性，是一個系統完整的科學理論體系。用習近平新時代中國特色社會主義思想武裝全黨，必須深入理解習近平同志在黨的十九大報告中闡述的「八個明確」的豐富內涵。

深入理解堅持和發展中國特色社會主義的總任務。堅持和發展中國特色社會主義，總任務是實現社會主義現代化和中華民族偉大復興。我們要在全面建成小康社會、實現第一個百年奮鬥目標的基礎上，乘勢而上開啟全面建設社會主義現代化國家新征程，向第二個百年奮鬥

目標進軍。從 2020 年到本世紀中葉可以分兩個階段來安排。第一個階段，從 2020 年到 2035 年，基本實現社會主義現代化。第二個階段，從 2035 年到本世紀中葉，在基本實現現代化的基礎上，再奮鬥 15 年，把我國建成富強民主文明和諧美麗的社會主義現代化強國。

深入理解我國社會主要矛盾的變化。中國特色社會主義進入新時代，我國社會主要矛盾已經轉化為人民日益增長的美好生活需要和不平衡不充分的發展之間的矛盾。這是關係全域的歷史性變化，但並沒有改變我們對我國社會主義所處歷史階段的判斷，我國仍處於並將長期處於社會主義初級階段的基本國情沒有變，我國是世界最大發展中國家的國際地位沒有變。社會主要矛盾的變化對黨和國家工作提出了許多新要求，必須堅持以人民為中心的發展思想，不斷促進人的全面發展、全體人民共同富裕。

深入理解中國特色社會主義事業的總體佈局和戰略佈局。中國特色社會主義事業總體佈局是「五位一體」、戰略佈局是「四個全面」。這兩個佈局使堅持和發展中國特色社會主義有了科學路徑。我們要堅定道路自信、理論自信、制度自信、文化自信，統籌推進「五位一體」總體佈局、協調推進「四個全面」戰略佈局，不斷開創中國特色社會主義事業新局面。

深入理解全面深化改革總目標。全面深化改革總目標是完善和發展中國特色社會主義制度、推進國家治理體系和治理能力現代化。全面深化改革以促進社會公平正義、增進人民福祉為出發點和落腳點，為人民幸福安康、社會和諧穩定、國家長治久安提供一整套更完備、更穩定、更管用的制度體系。全面深化改革是涉及經濟社會發展各領域的複雜系統工程，要堅決破除一切不合時宜的思想觀念和體制機制

弊端，突破利益固化的藩籬，吸收人類文明有益成果，充分發揮我國社會主義制度優越性。

深入理解全面推進依法治國總目標。全面推進依法治國總目標是建設中國特色社會主義法治體系、建設社會主義法治國家。必須把黨的領導貫徹落實到依法治國全過程和各方面，堅定不移走中國特色社會主義法治道路，完善以憲法為核心的中國特色社會主義法律體系，建設中國特色社會主義法治體系，建設社會主義法治國家，發展中國特色社會主義法治理論。

深入理解黨在新時代的強軍目標。黨在新時代的強軍目標是建設一支聽黨指揮、能打勝仗、作風優良的人民軍隊，把人民軍隊建設成為世界一流軍隊。我們要堅持走中國特色強軍之路，全面貫徹黨領導人民軍隊的一系列根本原則和制度，確立習近平強軍思想在國防和軍隊建設中的指導地位，堅持政治建軍、改革強軍、科技興軍、依法治軍，堅持「五個更加注重」，實現黨在新時代的強軍目標。

深入理解中國特色大國外交的要旨。中國特色大國外交要推動構建新型國際關係，推動構建人類命運共同體。中國始終不渝走和平發展道路，奉行互利共贏的開放戰略，堅持正確義利觀，樹立共同、綜合、合作、可持續的新安全觀，秉持共商共建共用的全球治理觀，始終做世界和平的建設者、全球發展的貢獻者、國際秩序的維護者。

深入理解中國特色社會主義最本質的特徵。中國特色社會主義最本質的特徵是中國共產黨領導，中國特色社會主義制度的最大優勢是中國共產黨領導，黨是最高政治領導力量。要牢牢把握新時代黨的建設總要求，突出政治建設在黨的建設中的重要地位，把黨建設成為始終走在時代前列、人民衷心擁護、勇於自我革命、經得起各種風浪考

驗、朝氣蓬勃的馬克思主義執政黨。

用習近平新時代中國特色社會主義思想武裝全黨是完成好新時代黨的歷史使命的迫切需要

　　我們黨之所以能夠歷經艱難困苦不斷創造新的輝煌，很重要的一條就是始終重視思想建黨、理論強黨，堅持用科學理論武裝廣大黨員、幹部的頭腦，使全黨始終保持統一的思想、堅定的意志、強大的戰鬥力。習近平新時代中國特色社會主義思想作為當代中國馬克思主義，是指引完成新時代黨的歷史使命的理論燈塔，是進行偉大鬥爭、建設偉大工程、推進偉大事業、實現偉大夢想的科學理論指引。廣大黨員、幹部要把用習近平新時代中國特色社會主義思想武裝頭腦作為重大政治任務切實抓緊抓好。

　　用習近平新時代中國特色社會主義思想武裝頭腦，首先要求廣大黨員、幹部深刻領會其歷史地位、豐富內涵、科學體系、精神實質、實踐要求，領悟蘊含其中的新理念新論斷新觀點新要求，努力把零散的感性理解上升為系統的理性認識，不斷提高自己的思想理論水準和政治政策水準。其次要求廣大黨員、幹部把它同馬克思列寧主義、毛澤東思想、鄧小平理論、「三個代表」重要思想和科學發展觀結合起來進行學習，著重掌握貫穿其中的馬克思主義立場觀點方法，深刻領會它所體現的中國共產黨人的政治立場、價值追求、歷史擔當意識、真摯為民情懷、務實思想作風、科學思想方法，增強對它的政治認同、思想認同、理論認同、情感認同。再次要求廣大黨員、幹部進一步增強「四個意識」，自覺在思想上政治上行動上同以習近平同志為

核心的黨中央保持高度一致，堅決維護黨中央權威和集中統一領導，堅決維護習近平同志在黨中央和全黨的核心地位，在實際行動中全面貫徹習近平新時代中國特色社會主義思想，全面貫徹黨的基本理論、基本路線、基本方略，更好引領黨和人民事業發展。歷史和現實一再證明，科學理論一經掌握群眾，就會成為強大的物質力量。習近平新時代中國特色社會主義思想為廣大黨員幹部、廣大群眾所掌握，必將成為建設新時代中國特色社會主義的磅礴力量。

《人民日報》（2017 年 11 月 09 日　07 版）

新思想引領新征程

劉漢俊

　　一個興旺的民族必定順應時代潮流，一個強大的國家必定把握時代趨勢，一個偉大的政黨必定開創偉大時代。習近平同志在黨的十九大報告中指出，中國特色社會主義進入了新時代。新思想引領新時代，新使命開啟新征程。新時代的號角已經吹響，新征程的旗幟獵獵飄揚。更加堅強有力的中國共產黨必將團結帶領全國人民勠力同心、接續奮鬥，把新時代中國特色社會主義不斷推向前進。

　　一個時代有一個時代的新特徵。馬克思、恩格斯對所處資本主義時代的深刻認識，成就了馬克思主義作為科學真理的力量。準確認識時代特徵、時代環境、時代本質，是我們正確認識社會主要矛盾、歷史階段、基本國情的前提，是科學確定指導思想、歷史使命和基本方略的依據。習近平同志對新時代的準確判斷和科學論斷，表明中國共產黨對所處歷史方位、時代本質、發展階段、目標任務、自身要求的正確認識，體現了馬克思主義唯物史觀，彰顯了中國共產黨的時代觀。

　　一個時代有一個時代的新思想。思想是時代的產物又是時代的先聲，是時代的課題又是時代的答案。偉大時代必定產生偉大思想，偉大思想領航偉大時代。習近平新時代中國特色社會主義思想系統性回答、創造性昭示新時代堅持和發展什麼樣的中國特色社會主義、怎樣堅持和發展中國特色社會主義；明確了新時代堅持和發展中國特色社

會主義的總目標、總任務、總體佈局、戰略佈局；明確了發展方向、發展方式、發展動力；明確了戰略步驟、外部條件、政治保證；對改革發展穩定、內政外交國防、治黨治國治軍作出一系列理論建構、政策安排、制度設計 這一思想緊盯時代、緊扣實踐、緊貼實際，與時俱進、開拓創新，是馬克思主義中國化最新成果，是指引黨和國家事業發生深層次、根本性歷史變革，取得全方位、開創性歷史成就的科學真理和行動指南，是對馬克思主義的原創性貢獻、歷史性發展。時代因產生偉大思想而生機蔥蘢，真理因推進偉大實踐而力量勃發。

　　一個時代有一個時代的新使命。夢想呼喚責任，時代賦予使命。實現偉大復興是天降之大任、民族之夙願，共產黨人使命在肩、責無旁貸、義不容辭。我們黨在進行偉大鬥爭中成長並將繼續進行新的偉大鬥爭，在建設偉大工程中壯大並將繼續建設新的偉大工程，在推進偉大事業中前進並將繼續推進新的偉大事業。前進沒有止境，發展未有窮期。中國特色社會主義進入新時代，但為人民謀幸福、為民族謀復興始終是我們共產黨人永遠不忘的初心、時刻牢記的使命。

　　一個時代有一個時代的新征程。雖然我們已走過千山萬水、攻克千難萬險，但仍在跋山涉水、爬坡過坎，行進在新征程上。我們黨帶領全國人民提前實現解決溫飽、達到小康的目標，又自加壓力、砥礪前行，提出從全面建成小康社會到基本實現現代化再到全面建成社會主義現代化強國的戰略安排。美好藍圖賡續描繪，一代接著一代幹、一筆接著一筆劃。新征程意味著新責任。我們共產黨人毫不猶豫、從不懈怠、永不畏難，明知前進路上充滿風險與挑戰、遍佈暗礁和險灘，但始終義無反顧、一往無前。打鐵必須自身硬，長征路上強者勝。一個有著堅定理想信念、用馬克思主義科學理論武裝的黨，一個執政

智慧高超、本領高強、永葆先進性純潔性的黨，一個不斷增強政治領導力、思想引領力、群眾組織力、社會號召力的黨，是新時代推進新征程的堅強政治保證。

《人民日報》（2017 年 11 月 01 日　07 版）

運用科學方法論推進偉大事業

韓　震

　　當前，國際形勢錯綜複雜，我國社會發展出現新的特點，人民群眾的需求更加多樣化多層次多方面。面對新形勢，如何才能繼續劈波斬浪，把握前進正確方向，謀劃和推進黨和國家各項工作？習近平同志在「7‧26」重要講話中指出：「認識和把握我國社會發展的階段性特徵，要堅持辯證唯物主義和歷史唯物主義的方法論，從歷史和現實、理論和實踐、國內和國際等的結合上進行思考，從我國社會發展的歷史方位上來思考，從黨和國家事業發展大局出發進行思考，得出正確結論。」辯證唯物主義和歷史唯物主義是科學的方法論，認識和把握我國社會發展的階段性特徵、堅持和發展中國特色社會主義必須堅持這一科學方法論，確保黨和國家各項事業始終沿著正確方向勝利前進。

在「三個結合」上下功夫

　　堅持辯證唯物主義和歷史唯物主義的方法論，要求我們思考問題必須在歷史和現實、理論和實踐、國內和國際「三個結合」上下功夫。在歷史和現實的結合中認清趨勢，在理論和實踐的結合中推動創新，在國內和國際的結合中把握大局，這既符合唯物史觀的立場、觀點和

方法，也體現唯物辯證法的精髓和智慧。

　　歷史和現實結合。現實是歷史的延續，未來是現實的發展。不懂得歷史發展規律，就無法開闢未來，無法推動社會發展和人類文明進步。習近平同志非常重視借鑒歷史經驗，強調一個民族的歷史是一個民族安身立命的基礎。借鑒歷史，首先要學會從中國歷史與中國現實的結合中看問題。中國 5000 多年文明史積澱了豐富的思想文化資源，我們應當從中汲取智慧，作為解決現實問題的借鑒。其次要學會從世界歷史與中國現實的結合中看問題。習近平同志指出，我們不僅要瞭解中國的歷史文化，還要睜眼看世界，瞭解世界上不同民族的歷史文化，去其糟粕，取其精華，從中獲得啟發，為我所用。最後要學會從黨的歷史與當前現實工作的結合中看問題。我們黨從小到大、從弱到強的光輝發展歷程，能夠為我們做好當前工作提供豐富經驗和精神動力。在新的歷史條件下，我們要堅持以唯物史觀為指導，遵循中國和世界歷史發展邏輯，觀察當代中國和當今世界發展實際，著眼人民對美好生活的新追求，克服各種困難，解決各種問題，在歷史與現實的結合中把握未來，沿著正確道路繼續前進。

　　理論和實踐結合。沒有以理論為指導的實踐往往是盲目的，沒有以實踐為基礎的理論往往是空洞的。一切從實際出發是我們工作的出發點，同時社會發展是有規律和趨勢可循的，科學理論可以給我們正確指導，使我們的工作符合客觀規律。如果脫離了實際，就可能犯主觀主義的錯誤；如果忽視了理論，就可能陷入狹隘的經驗主義。中國共產黨堅持把馬克思主義基本原理同中國具體實際相結合，不僅取得了中國革命的成功，而且創造了中國發展的奇跡。習近平同志指出，我們黨是高度重視理論建設和理論指導的黨，強調理論必須同實踐

相統一。我們要在迅速變化的時代中贏得主動，要在新的偉大鬥爭中贏得勝利，就要在堅持馬克思主義基本原理的基礎上，以更寬廣的視野、更長遠的眼光來思考和把握我國未來發展面臨的一系列重大戰略問題，在理論上不斷拓展新視野、作出新概括，以指導不斷發展變化的實踐。

國內和國際結合。國際社會是一個國家活動的背景和舞臺，不同國家的活動又影響著國際社會的變化。把國內和國際結合起來，是順應世界大勢和時代潮流的必然要求。當今時代，只有善於把握國內國際兩個大局、利用國內國際兩種資源、開拓國內國際兩個市場、掌握國內國際兩類規則，才能掌握國家發展主動權。改革開放激發了蘊藏在人民群眾中的活力，是決定當代中國命運的關鍵一招。隨著人類活動空間的拓展，越是視野開闊的國家和民族越能獲得發展的先機。我國只有擴大與世界各國的交流互鑒，才能牢牢掌握發展主動權。中國的改革開放，是要建設一個更加富強民主文明和諧的社會主義現代化中國。歷史已經證明，閉關鎖國、自我封閉只會窒息社會活力，但在開放中不顧自己國情、放棄自己傳統同樣是沒有出路的。新的歷史條件下，我們需要繼續根據中國實際，借鑒國外有益經驗，不斷開闢中國特色社會主義發展新境界。

把握我國社會發展的歷史方位

堅持辯證唯物主義和歷史唯物主義的方法論，還要從我國社會發展的歷史方位上來思考問題。這就要求我們深入分析和準確判斷當前的世情國情黨情，在切實把握我國社會發展階段性特徵基礎上堅持和

發展中國特色社會主義。

把握我國社會發展的歷史方位需要堅持實事求是、一切從實際出發。習近平同志指出：「我們黨現階段提出和實施的理論和路線方針政策，之所以正確，就是因為它們都是以我國現時代的社會存在為基礎的。」不堅持實事求是、不一切從實際出發，對歷史方位的把握就會失准、失誤。當前，把握我國社會發展的歷史方位，首先必須牢牢把握社會主義初級階段這個最大國情，牢牢立足社會主義初級階段這個最大實際，更準確地把握我國社會主義初級階段不斷變化的新特點，把握人民群眾需要呈現多樣化多層次多方面的特點。只有從這些客觀存在的實際出發，才能更好堅持黨的基本路線，在繼續推動經濟發展的同時，更好解決我國社會出現的各種問題，更好實現各項事業全面發展，更好發展中國特色社會主義事業，更好推動人的全面發展、社會全面進步。

把握我國社會發展的歷史方位就要知道我們從何處來、向何處去。黨的十八大以來，在新中國成立特別是改革開放以來我國發展取得重大成就的基礎上，黨和國家事業發生歷史性變革，我國發展站到了新的歷史起點上，中國特色社會主義進入了新的發展階段。今天我國社會發展所處的歷史方位，是新中國成立特別是改革開放以來我國不斷發展的結果。站在新的歷史起點上，我們要向何處去？首先就是到2020年全面建成小康社會，實現第一個百年奮鬥目標。這是我們黨向人民、向歷史作出的莊嚴承諾。2020年全面建成小康社會後，我們要激勵全黨全國各族人民為實現第二個百年奮鬥目標而努力，踏上建設社會主義現代化國家新征程，讓中華民族以更加昂揚的姿態屹立於世界民族之林。這些奮鬥目標對我們的工作提出了新要求。我們應當在

深入理解把握我國社會發展階段性特徵的基礎上不斷開拓進取，以新的精神狀態和奮鬥姿態把中國特色社會主義推向前進。

　　把握我國社會發展的歷史方位既要堅定信心、又要增強憂患意識。把握我國社會發展的歷史方位，必須充分認識黨和國家事業發生的歷史性變革，充分認識中國特色社會主義不斷取得的重大成就。正是這些歷史性變革和重大成就使我國發展站到了新的歷史起點上。但在看到成績和機遇的同時，也要看到短板和不足、困難和挑戰，看到形勢發展變化給我們帶來的風險。社會越發展，其系統就越複雜。在現代高度複雜的社會條件下，任何環節出現問題都可能導致「系統性紊亂」或「結構性危機」。黑天鵝、灰犀牛往往就隱藏在高歌猛進的征程中。當前，中國特色社會主義進入了新的發展階段，我們充滿道路自信、理論自信、制度自信、文化自信。但我們也要增強憂患意識，做到居安思危、知危圖安，時刻準備應對重大挑戰、抵禦重大風險、克服重大阻力、解決重大矛盾。在工作中，應堅持穩中求進工作總基調，善於運用底線思維，注重進行宏觀思考，牢牢把握工作主動權。

從黨和國家事業發展大局出發

　　堅持辯證唯物主義和歷史唯物主義的方法論，還必須從黨和國家事業發展大局出發進行思考。從黨和國家事業發展大局出發思考問題，就是要思考全域問題、長遠問題、戰略問題，強調局部服從全域、短期利益服從長遠利益、戰術服從戰略。

　　從大局出發要求在思想認識上牢牢把握中國特色社會主義這個主題。中國特色社會主義是改革開放以來黨的全部理論和實踐的主題。

只有認清這個主題，只有具備這種大局觀，我們才能保持清醒頭腦，在紛繁複雜的現象中把握事物本質，真正做到「審大小而圖之，酌緩急而布之，連上下而通之，衡內外而施之」。圍繞中國特色社會主義這一主題，我們要繼續統籌推進「五位一體」總體佈局、協調推進「四個全面」戰略佈局。當前，我們要突出抓重點、補短板、強弱項，特別是要堅決打好防範化解重大風險、精準脫貧、污染防治的攻堅戰，堅定不移深化供給側結構性改革，推動經濟社會持續健康發展。這些都是圍繞中國特色社會主義這個主題，從大局出發必須著力做好的工作。

從大局出發要求在工作方法上善於抓住主要矛盾。抓住主要矛盾，才能抓住經濟社會發展的「牛鼻子」、抓住牽一髮而動全身的重大問題。改革開放以來，我們黨堅持以經濟建設為中心不動搖，強調發展是解決中國所有問題的關鍵。實踐證明，發展是硬道理，化解各種矛盾和風險、跨越「中等收入陷阱」、全面建成小康社會等，根本上都要靠發展。當前，全面建成小康社會進入決勝階段，人民生活明顯改善，對美好生活的嚮往更加強烈。在這種情況下，我們仍然需要深入貫徹新發展理念，牢牢把握發展主動權，切實抓好發展這個第一要務。在經濟發展的基礎上，要解決好我國未來發展面臨的一系列重大戰略問題，更好堅持和發展中國特色社會主義。

《人民日報》（2017 年 10 月 12 日　07 版）

新發展理念彰顯馬克思主義真理性

鄧純東

發展是馬克思主義政黨執政興國的第一要務。能否在馬克思主義指導下確立系統科學的發展理念，是檢驗馬克思主義真理性和馬克思主義政黨執政能力的「試金石」。創新、協調、綠色、開放、共用的新發展理念，是我們黨將馬克思主義基本原理同我國具體實際和時代特徵相結合的理念結晶，彰顯了馬克思主義的真理性，彰顯了我們黨執政興國的高超智慧與能力。

彰顯馬克思主義以人為本的根本立場

人民是歷史的創造者，民心向背是政黨政權前途命運的決定因素，這是為馬克思主義所揭示並為歷史發展所證明的客觀規律。堅持以人為本，是馬克思主義的基本立場。以人為本，就是始終站在人民大眾的立場上，堅持一切為了人民、一切相信人民、一切依靠人民，誠心誠意為人民謀利益。堅持以人為本，實現好、維護好、發展好最廣大人民根本利益，是我們黨開展一切工作的出發點和落腳點。落實到發展問題上，就是堅持以人民為中心的發展思想，把人民利益放在最高位置，尊重人民主體地位，發揚人民首創精神，想群眾之所想、急群眾之所急、謀群眾之所需，堅持發展為了人民、發展依靠人民、

發展成果由人民共用。

面對「十三五」時期我國經濟社會發展的新形勢和人民群眾的新期待、新需求，我們黨提出了創新、協調、綠色、開放、共用的新發展理念。這些新發展理念是一個有機聯繫的整體，集中體現了我們黨以人為本的根本立場。創新發展、協調發展、綠色發展、開放發展，人民群眾既是主體，又是受益者；共用發展，則鮮明體現了新發展理念的根本價值取向，就是讓發展成果最大限度地惠及全體人民。因此，新發展理念一經提出，就得到廣大人民群眾的衷心擁護和大力支持，必將通過人民群眾的偉大實踐創造新的人間奇跡。

彰顯馬克思主義實事求是的本質要求

實事求是是馬克思主義的本質要求。實事求是，就是從客觀存在的事物出發，通過觀察和研究、學習和總結、概括和抽象，認識把握事物發展的內在規律。堅持實事求是，是馬克思主義真理性的一個重要體現。在發展的問題上堅持實事求是，需要我們從我國現實國情和發展的階段性特徵出發，著力把握推進經濟社會發展的科學規律。

社會主義社會的發展，受經濟規律、自然規律、社會規律支配和制約。科學把握和自覺遵循這些客觀規律對發展提出的要求，就能贏得發展的主動權，順利實現發展目標。在全面深化改革的重大歷史關頭，我們黨提出創新、協調、綠色、開放、共用的新發展理念，充分體現了馬克思主義發展觀的真諦，即發展必須是遵循經濟規律的科學發展，必須是遵循自然規律的可持續發展，必須是遵循社會規律的包容性發展。

新發展理念遵循經濟規律，按照科學發展的基本要求，順應我國經濟深度融入世界經濟大循環的趨勢，按照適應新常態、把握新常態、引領新常態的總要求，堅持以創新、開放的發展理念引領發展行動，努力以最小投入獲得最大產出，不斷提高經濟效益和勞動生產率，滿足全體社會成員的物質和文化需要。

新發展理念遵循自然規律，按照可持續發展的基本要求，強調自覺遵守自然資源和環境容量對發展的剛性約束，絕不使發展逾越生態紅線、打破生態平衡；強調在維護綠水青山中打造金山銀山，實現綠色發展，促進人與自然和諧共生。

新發展理念遵循社會規律，按照包容性發展的基本要求，以促進共同富裕為目標，致力於讓大家共同享有自己創造的福利，實現共同建設、共用發展。只有這樣，社會才能永葆和諧穩定，內需潛能才能充分釋放，發展動力才能更加充沛，發展勢頭才能更加強勁。

彰顯馬克思主義與時俱進的理論品格

真理是絕對真理與相對真理的辯證統一，需要根據時代的變化和實踐的推進不斷創新發展。馬克思主義正是因為具有與時俱進的理論品格，才成為我們始終堅持和遵循的真理；馬克思主義的真理性，也正是在人民群眾與時俱進的創新實踐中、在不斷豐富和完善自身中得以體現和證明的。新發展理念是馬克思主義中國化的最新理論成果之一，彰顯了馬克思主義與時俱進的理論品格。

創新、協調、綠色、開放、共用的新發展理念，是馬克思主義基本原理在中國的具體運用，堅持了馬克思主義一以貫之的立場、觀點

和方法；同時，新發展理念是針對我國面臨的新發展形勢、為解決我國經濟社會發展存在的突出問題而提出的，具有鮮明的時代特徵。創新發展理念科學把握創新驅動發展的時代潮流，將創新作為引領發展的第一動力，擺在國家發展全域的核心位置，為經濟發展提供持續動力保障；協調發展理念針對我國經濟社會發展不協調的突出問題，強調不斷增強發展整體性，為我國經濟社會健康、可持續發展奠定堅實基礎；綠色發展理念積極回應人們從「求溫飽」到「求環保」的新期待，強調經濟發展與生態環境保護的有機結合，推進人與自然和諧共生，為中華民族永續發展提供保障；開放發展理念順應經濟全球化的時代潮流和我國經濟深度融入世界經濟的新形勢，強調豐富對外開放內涵、提高對外開放水準，為我國進一步發展提供外部動力和良好國際環境支援；共用發展理念堅持全民共用、全面共用、共建共用、漸進共用，進一步豐富了馬克思主義以人為本、共同富裕的內涵。總之，創新、協調、綠色、開放、共用的新發展理念是我們黨根據時代變化和發展新形勢提出的創新理念，鮮明體現了馬克思主義與時俱進的理論品格，鮮明體現了馬克思主義的真理性。

《人民日報》（2016 年 02 月 26 日　07 版）

讓理論永遠跟上時代

馮鵬志

　　中國共產黨是高度重視理論建設和理論指導的黨。習近平同志在黨的十九大報告中強調，實踐沒有止境，理論創新也沒有止境。世界每時每刻都在發生變化，中國也每時每刻都在發生變化，我們必須在理論上跟上時代。時代是思想之母，實踐是理論之源。只要我們善於聆聽時代聲音，勇於堅持真理、修正錯誤，21 世紀中國的馬克思主義一定能夠展現出更強大、更有說服力的真理力量！這些重要論述，深刻闡明了理論創新的極端重要性。習近平新時代中國特色社會主義思想，是我們黨勇於推進實踐基礎上的理論創新，系統回答新時代堅持和發展什麼樣的中國特色社會主義、怎樣堅持和發展中國特色社會主義這一重大時代課題形成的重大理論創新成果，也是新時代繼續推進理論創新的科學指引。

習近平新時代中國特色社會主義思想是馬克思主義中國化最新成果

　　習近平同志指出：「中國共產黨之所以能夠完成近代以來各種政治力量不可能完成的艱巨任務，就在於始終把馬克思主義這一科學理論作為自己的行動指南，並堅持在實踐中不斷豐富和發展馬克思主

義。」改革開放以來，我們黨之所以能夠開創和推進中國特色社會主義偉大事業，關鍵在於堅持馬克思主義基本原理同中國具體實際相結合，運用馬克思主義立場觀點方法研究解決各種重大理論和實踐問題，不斷推進馬克思主義中國化，科學回答了什麼是社會主義、怎樣建設社會主義，建設什麼樣的黨、怎樣建設黨，實現什麼樣的發展、怎樣發展等重大課題，產生了鄧小平理論、「三個代表」重要思想、科學發展觀等重大理論成果，形成中國特色社會主義理論體系。圍繞中國特色社會主義這個主題進行理論創新，是改革開放近 40 年來黨的歷史中的一條主線，也是中國特色社會主義不斷取得重大成就的理論基礎。

　　黨的十八大以來，在新中國成立特別是改革開放以來我國發展取得的重大成就基礎上，黨和國家事業發生歷史性變革，我國發展站到了新的歷史起點上，中國特色社會主義進入了新時代，這是我國發展新的歷史方位。在中國特色社會主義進入新時代後，我們黨面臨的各種挑戰前所未有，亟須繼續推進實踐基礎上的理論創新。以習近平同志為核心的黨中央高度重視理論創新，緊緊圍繞新時代堅持和發展什麼樣的中國特色社會主義、怎樣堅持和發展中國特色社會主義這一重大時代課題，以全新的視野深化對共產黨執政規律、社會主義建設規律、人類社會發展規律的認識，進行艱辛理論探索，取得重大理論創新成果，形成了習近平新時代中國特色社會主義思想。黨的十八大以來，我們黨之所以解決了許多長期想解決而沒有解決的難題，辦成了許多過去想辦而沒有辦成的大事，開創了中國特色社會主義事業新局面，關鍵在於全黨始終堅持以習近平新時代中國特色社會主義思想為遵循。

中國特色社會主義進入新時代，理論創新也必然進入新時代。這
就要求我們保持和發揚馬克思主義政黨與時俱進的理論品格，勇於推
進實踐基礎上的理論創新，在理論上不斷拓展新視野、作出新概括。
實現「兩個一百年」奮鬥目標、實現中華民族偉大復興中國夢，需要
深刻分析國際國內形勢，深刻總結當代中國所發生的歷史性變革和所
取得的歷史性成就，深刻把握新時代堅持和發展中國特色社會主義需
要解決的一系列重大理論和實踐問題。在這一過程中，必須不斷推進
實踐基礎上的理論創新，在理論上跟上時代，讓 21 世紀中國的馬克思
主義展現出更強大、更有說服力的真理力量。

習近平新時代中國特色社會主義思想為理論創新指明方向

黨的十八大以來，以習近平同志為核心的黨中央保持和發揚馬克
思主義政黨與時俱進的理論品格，堅持以馬克思列寧主義、毛澤東思
想、鄧小平理論、「三個代表」重要思想、科學發展觀為指導，堅持
解放思想、實事求是、與時俱進、求真務實，堅持辯證唯物主義和歷
史唯物主義，把馬克思主義基本原理同當代中國具體實際和時代特點
緊密結合起來，形成了習近平新時代中國特色社會主義思想。習近平
新時代中國特色社會主義思想為不斷推進理論創新指明了方向。

圍繞「四個偉大」不斷拓展新視野、作出新概括。以習近平同志
為核心的黨中央在堅持和發展中國特色社會主義的進程中，帶領全黨
全國人民進行具有許多新的歷史特點的偉大鬥爭，開展黨的建設新的
偉大工程，推進中國特色社會主義偉大事業，朝著實現中華民族偉大
復興的偉大夢想不斷前進。習近平同志在黨的十九大報告中對偉大鬥

爭、偉大工程、偉大事業、偉大夢想這「四個偉大」進行了深刻闡述。「四個偉大」的提出大大拓展了我們黨在理論上的視野。在新時代，理論創新要深入闡釋「四個偉大」的重大意義、「四個偉大」相互之間的關係等，為「四個偉大」的思想內涵深入人心作出新概括。

圍繞「四個自信」不斷拓展新視野、作出新概括。以習近平同志為核心的黨中央在深刻把握時代發展趨勢和歷史發展規律的基礎上，明確提出要堅定中國特色社會主義道路自信、理論自信、制度自信、文化自信。習近平同志在黨的十九大報告中進一步強調，全黨要更加自覺地增強道路自信、理論自信、制度自信、文化自信，既不走封閉僵化的老路，也不走改旗易幟的邪路，保持政治定力，堅持實幹興邦，始終堅持和發展中國特色社會主義。「四個自信」深刻闡明了中國特色社會主義的本質屬性和力量源泉。在新時代，如何深刻理解道路自信、理論自信、制度自信、文化自信之間的關係，深入把握「四個自信」與「四個偉大」之間的關係，進一步堅定「四個自信」，需要我們繼續跟上時代、作出新闡釋。

圍繞「五位一體」總體佈局和「四個全面」戰略佈局不斷拓展新視野、作出新概括。以習近平同志為核心的黨中央強調統籌推進「五位一體」總體佈局、協調推進「四個全面」戰略佈局，確立了新形勢下黨和國家各項工作的戰略目標、戰略舉措、戰略原則，為實現「兩個一百年」奮鬥目標、實現中華民族偉大復興中國夢打開了全新的戰略視野。習近平新時代中國特色社會主義思想明確中國特色社會主義事業總體佈局是「五位一體」、戰略佈局是「四個全面」。在新時代，理論創新的重要任務就是研究如何更好統籌推進「五位一體」總體佈局、協調推進「四個全面」戰略佈局。

　　圍繞以人民為中心的發展思想不斷拓展新視野、作出新概括。堅持以人民為中心的發展思想，是堅持人民主體地位的內在要求，彰顯了人民至上的價值取向，為當代中國適應把握引領經濟發展新常態、加快轉變經濟發展方式提供了重要價值觀指導，是以習近平同志為核心的黨中央在治國理政中的鮮明價值導向。習近平新時代中國特色社會主義思想明確新時代我國社會主要矛盾是人民日益增長的美好生活需要和不平衡不充分的發展之間的矛盾，必須堅持以人民為中心的發展思想，不斷促進人的全面發展、全體人民共同富裕。以人民為中心的發展思想既在價值觀高度實現了對我國發展經驗的深刻總結和對西方發展思想的超越，也為我們堅持和發展中國特色社會主義拓展了價值視野。在新時代，理論創新應聚焦為什麼要堅持以人民為中心、如何堅持以人民為中心等問題形成新的理論成果。

　　圍繞構建人類命運共同體不斷拓展新視野、作出新概括。構建人類命運共同體理念，把中國經驗、東方智慧和人類理想融為一體，向全世界傳遞了關於人類文明走向的中國方案、中國智慧，不僅鮮明表達了中國要做世界和平的建設者、全球發展的貢獻者、國際秩序的維護者，而且為當今世界各國如何走向共同發展、共用美好未來提供了全新的世界歷史視野。習近平新時代中國特色社會主義思想明確中國特色大國外交要推動構建新型國際關係，推動構建人類命運共同體。在新時代，我們要按照構建人類命運共同體的理念不斷深入思考當今世界面臨的重大問題，形成新的理論成果。

　　以上幾個方面只是舉其要者。事實上，新時代堅持和發展中國特色社會主義的總目標、總任務、總體佈局、戰略佈局和發展方向、發展方式、發展動力、戰略步驟、外部條件、政治保證等基本問題，都

是理論創新的重點。

習近平新時代中國特色社會主義思想是理論創新的根本遵循和基本內核

勇於推進實踐基礎上的理論創新，在理論上不斷拓展新視野、作出新概括，事關黨和國家事業繼往開來，事關中國特色社會主義前途命運，事關最廣大人民根本利益，必須始終堅持正確方向。新形勢下，在理論上不斷拓展新視野、作出新概括，關鍵是要始終堅持以習近平新時代中國特色社會主義思想為根本遵循和基本內核。

理論創新必須始終堅持以習近平新時代中國特色社會主義思想為根本遵循。黨的十八大以來，以習近平同志為核心的黨中央以大氣魄、大視野和大手筆開闢治國理政新境界，開創黨和國家事業發展新局面，中國特色社會主義發展、中華民族復興偉業展現出前所未有的新氣象、新境界。黨的十八大以來這 5 年，黨和國家各項事業之所以能開新局、譜新篇，最根本的就在於有習近平新時代中國特色社會主義思想的科學指引。習近平新時代中國特色社會主義思想貫穿著馬克思主義的立場觀點方法，為我們繼續推進理論創新提供了科學的世界觀和方法論。堅持以習近平新時代中國特色社會主義思想為根本遵循，才能在理論創新上始終堅持正確方向。

理論創新必須始終堅持以習近平新時代中國特色社會主義思想為基本內核。習近平新時代中國特色社會主義思想，涵蓋新時代堅持和發展中國特色社會主義的總目標、總任務、總體佈局、戰略佈局和發展方向、發展方式、發展動力、戰略步驟、外部條件、政治保證等

基本問題，涉及改革發展穩定、內政外交國防、治黨治國治軍等各個領域，構成一個系統完整、邏輯嚴密的科學理論體系。在實現「兩個一百年」奮鬥目標、實現中華民族偉大復興的進程中，我們還會遇到各種各樣的問題，但這些問題都不會脫離習近平新時代中國特色社會主義思想這一科學理論體系所涉及的領域。理論創新要以習近平新時代中國特色社會主義思想為基本內核，不斷開闢 21 世紀中國馬克思主義發展新境界。

《人民日報》（2017 年 10 月 25 日　14 版）

第二章

中國共產黨有著遠大理想和崇高追求

深入認識以人民為中心的發展思想

施戍傑　侯永志

黨的十八大以來，以習近平同志為核心的黨中央提出以人民為中心的發展思想，反映了堅持人民主體地位的內在要求，彰顯了人民至上的價值取向，確立了新發展理念必須始終堅持的基本原則，具有重大的理論意義和現實意義。怎樣理解以人民為中心的發展思想的科學內涵？它與西方的發展理論有什麼區別？堅持這一重大思想的現實針對性是什麼？思考和回答這些問題，有助於深刻認識和準確把握這一重大思想。

從三重規定和三個維度理解「人民」

正確認識以人民為中心的發展思想，首先要深刻理解什麼是「人民」。

「人民」包含三重規定。一是量的規定。雖然不同時代、不同社會對人民的界定有所不同，但總體而言，人民是社會的主體，涵蓋某一歷史時期社會中的絕大多數人。現階段，我國人民涵蓋了全體社會主義勞動者、社會主義事業的建設者、擁護社會主義的愛國者和擁護祖國統一的愛國者。二是質的規定。人民代表歷史進步的方向，推動社會生產力的發展。三是主體構成的規定。雖然在不同歷史時期，人民的範圍會發生變化，但構成人民主體的始終是勞動者。這是馬克思主義人民觀同其他學說的根本區別所在。

進一步分析，可以從三個維度來理解社會主義國家的「人民」。一是從宏觀上看，人民是一個整體，是推動社會歷史發展的主體和根本動力。二是從中觀上看，人民由不同的社會群體構成，人民內部在根本利益一致的基礎上存在具體利益的差別和矛盾。三是從微觀上看，人民的利益與每一個人的利益緊密相連。正如習近平同志所指出的「人民不是抽象的符號，而是一個一個具體的人的集合」。在社會主義國家，人民作為整體的力量不斷增強，真正成為社會的主人翁；人民內部不同群體間的財富和收入等差距雖然在一定時期可能擴大，但終將不斷縮小，走向共同富裕；組成人民的每一個個體將越來越充分地釋放自我個性，得到全面發展。

深入把握以人民為中心的發展思想的科學內涵

發展是人類的永恆主題。發展為了什麼，靠什麼發展，發展成果由誰享有，發展政策如何制定，對這些問題的不同回答，形成了人類歷史上不同的發展思想。以人民為中心的發展思想，是從馬克思主義

基本原理出發，對中國現代化實踐成功經驗的理論總結。它將人民置於發展的核心位置，超越了西方的發展思想。其科學內涵鮮明地體現在以下四個方面。

發展的最終目的是為了人民。西方主流發展觀追求物質財富的積累，認為發展的目的主要是國內生產總值的增長、產業結構的升級、人均收入的提高，而不太關注具體的人特別是普通勞動者的真實情況和感受。這一發展觀既沒有立足於滿足人的需求，也沒有著眼於充分發揮人的積極性，雖然能在一定程度上促進經濟增長，但這樣的增長是不健康、不可持續的，經常被經濟危機打斷。以人民為中心的發展思想把人作為發展的目的和歸宿，追求人的全面發展。具體而言，就是要全方位滿足人的真實需要，全方位豐富和提高人創造美好生活的能力，努力實現人的全面發展。而且，以人民為中心的發展思想不是只追求少數人的全面發展，而是追求最廣大人民的全面發展。在奴隸社會、封建社會和資本主義社會，一小部分人的全面發展是以絕大多數人的畸形發展和不發展為前提的。而以人民為中心的發展思想著眼於維護社會公平正義，主張保障人民平等參與、平等發展的權利，持續保障和改善民生，不斷推動改革發展成果更多更公平惠及全體人民。

發展的根本動力來自人民。在西方主流發展觀看來，勞動、資本和技術是物質生產的三大要素，但由於人均產量只有通過資本積累和技術進步才能提高，因此資本和技術才是發展的動力之源。以人民為中心的發展思想繼承和發展了馬克思主義唯物史觀，認為發展的本質是人類通過勞動不斷改造自然的過程。物質資本和科學技術確實能夠提高勞動效率，但它們都是人類勞動的創造物，不能與人並列。因此，從根本上看，發展源自人類的勞動。勞動不僅包括簡單勞動，還包括

管理、創新等複雜勞動。發展最基礎、最根本的推動力量來自廣大勞動者。

　　發展的成果由人民共同享有。西方主流發展觀追求總量和效率，追求生產達到其可能性邊界，卻忽視了分配和公平，甚至認為平等的分配會抑制效率、損害發展。比如，20世紀80年代後盛行一時的新自由主義就主張經濟自由化、私有化，反對政府對市場的干預。從表面上看，在自由市場中，人與人可以平等競爭。但實際上，擁有資本的多寡決定了分享發展成果的多寡，並進一步轉化為資本擁有的更加不平等。無論在發達國家還是在發展中國家，採用新自由主義政策都導致了收入差距的嚴重擴大，少數人攫取了發展的絕大部分收益。而且，由於私有化浪潮不斷高漲、社會福利大幅削減、政府管制全面放鬆、經濟金融化和泡沫化程度持續提高，市場失靈的風險迅速積聚，最終於2008年釀成了席捲全球的國際金融危機，人民的利益遭受更大損失。以人民為中心的發展思想則是要讓每一個個體都能分享到發展的成果，並不斷提高成果分享的公平性，最終實現共同富裕。一方面，既然發展的最終目的不是物質財富的增長，而是每一個人的全面發展，公平分享發展成果就是發展的必然要求。另一方面，既然發展的根本動力來自全體人民，讓全體人民公平分享發展成果就不僅具有合理性，而且是充分調動人民積極性、讓社會財富不斷湧流的必然要求。

　　發展的戰略和政策始終圍繞人民。發展戰略和政策直接影響不同群體和個人的切身利益。在西方，有人主張更多發揮政府的促進作用，有人主張更多發揮市場的競爭作用；有人主張提高社會福利、縮小收入差距，有人主張容忍收入差距、強化經濟激勵。理論上的莫衷一是，源自階級之間不可調和的利益衝突，反映了其價值觀的片面和割裂，

導致西方國家的發展政策左右搖擺、生產力發展受到重重束縛。以人民為中心的發展思想始終圍繞最廣大人民的根本利益，圍繞最終實現全體人民的共同富裕，立足於不同發展階段的條件和要求，制定實施科學的發展戰略和政策。實踐證明，只有把實現好維護好發展好最廣大人民的根本利益作為一切工作的出發點和落腳點，才能協調好社會利益關係，最大限度地解放和發展社會生產力。

充分認識以人民為中心的發展思想的指導意義

我國經濟發展已經進入新常態。在這一新階段，發展面臨新條件、新任務，需要採取新戰略、新政策。但戰略和政策的轉變並不會自然而然地發生，需要以深化和統一認識為前提。在發展階段轉換的關鍵節點，強調堅持以人民為中心的發展思想，具有鮮明的現實針對性和指導性。

有利於破除「速度焦慮」，加快轉變經濟發展方式。發展的最終目的是促進人的全面發展，而不是提高經濟增長速度。隨著發展水準的提高和發展階段的演進，資源環境對發展的約束增強，勞動等生產要素價格呈上升態勢，因而經濟增速出現階段性下降具有合理性。在這種背景下，如果為了保持原有的經濟增速而片面擴大投資、延續高投入高消耗的發展方式，不僅經濟增長難以持續，而且難以實現其他發展目標，更不利於人民生活水準的提高。相反，保持中高速增長，堅持穩中求進，開創中高速、優結構、新動力的發展新格局，則能在保持經濟平穩健康發展的同時，不斷提高人民群眾的獲得感。

有利於更好滿足人的需求，促進人的全面發展。在不同發展階段，

人的需求是不同的。在發展早期，就業和溫飽是人們最主要的需求。隨著物質財富的積累，休閒娛樂、身體健康、生活品質、生態環境越來越被人們所看重。著眼於增強人的幸福感受、促進人的全面發展，就應該圍繞這些新需求不斷提供新產品新服務、發展新模式新業態，實現發展的轉型升級。還應認識到，在一定發展階段，允許存在一定收入差距，是為了激發人們的勞動熱情，是在現有生產力條件下不斷增強發展動力的客觀需要。但是，收入差距應該控制在合理範圍內，並且要堅持把最終實現共同富裕作為奮鬥目標。目前，我國不同行業、不同地區、不同人群之間的收入差距仍然較大。在新的發展階段，應更加切實地維護社會公平正義，努力實現基本公共服務均等化，保證人民平等參與、平等發展權利，讓發展成果更多更公平惠及全體人民。

　　有利於全面深化改革，讓人民群眾有更多獲得感。以人民為中心的發展思想明確了發展的根本目的是為了人民，將人民是否真正得到實惠、人民生活是否真正得到改善、人民權益是否真正得到保障作為檢驗發展成效的根本標準。因此，全面深化改革，必須貫徹落實習近平同志系列重要講話精神，「多推有利於增添經濟發展動力的改革，多推有利於促進社會公平正義的改革，多推有利於增強人民群眾獲得感的改革，多推有利於調動廣大幹部群眾積極性的改革」。只有堅持以人民為中心的發展思想，才能凝聚最廣泛的改革共識，把廣大人民的智慧和力量彙聚到改革和發展上來，以全面深化改革推動中國特色社會主義事業蓬勃發展。

《人民日報》（2017 年 06 月 22 日　07 版）

常懷憂民愛民為民惠民之心

張占斌

「天下順治在民富，天下和靜在民樂」。黨的十八大以來，以習近平同志為核心的黨中央把以人民為中心的發展思想擺在治國理政的突出位置。習近平同志強調，「人民對美好生活的嚮往，就是我們的奮鬥目標」「我們必須把人民利益放在第一位」；以人民為中心的發展思想「不能只停留在口頭上、止步於思想環節，而要體現在經濟社會發展各個環節」。以人民為中心的發展思想具有豐富的內涵和強有力的指導作用，是新形勢下堅持黨的根本宗旨的科學指南。

以人民為中心的發展思想彰顯馬克思主義立場和我們黨的不懈追求

我們黨是全心全意為人民服務的黨，我們國家是人民當家作主的國家，黨和國家一切工作的出發點和落腳點是實現好、維護好、發展好最廣大人民的根本利益。以人民為中心的發展思想彰顯馬克思主義的立場、觀點、方法，充分體現了中國共產黨人的不懈追求。

彰顯了馬克思主義政治經濟學的根本立場。馬克思主義政治經濟學是馬克思主義的重要組成部分，是觀察和分析經濟社會的望遠鏡和顯微鏡，也是馬克思主義政黨為人民謀利益、堅持人民利益至上的必

修課。習近平同志指出：「要堅持以人民為中心的發展思想，這是馬克思主義政治經濟學的根本立場。」中國共產黨歷來重視對馬克思主義政治經濟學的學習、研究、運用，在新民主主義革命時期、社會主義建設時期、改革開放歷史新時期，都對馬克思主義政治經濟學進行了創造性發展，形成了一系列創新理論成果。以人民為中心的發展思想解決了「為什麼人、由誰享有」這個發展的根本問題，堅持發展為了人民、發展依靠人民、發展成果由人民共用，深化了馬克思主義關於人民群眾創造歷史的觀點，體現了中國特色社會主義的本質特徵和社會主義市場經濟發展的根本目的，彰顯了馬克思主義政治經濟學的根本立場。

彰顯了中國共產黨人的根本宗旨。習近平同志指出：「我們講宗旨，講了很多話，但說到底還是為人民服務這句話。我們黨就是為人民服務的。」作為一個建黨 90 多年、執政 60 多年的馬克思主義政黨，我們黨始終堅持人民主體地位，始終站在實現好、維護好、發展好最廣大人民根本利益的立場上看問題、做事情。90 多年來，我們黨緊緊依靠人民完成了新民主主義革命，實現了民族獨立、人民解放；緊緊依靠人民完成了社會主義革命，確立了社會主義基本制度，開始了社會主義建設；緊緊依靠人民進行改革開放新的偉大革命，開創、堅持、發展了中國特色社會主義。我們黨來自人民、植根人民、服務人民，全心全意為人民服務是我們黨區別於其他一切政黨的根本標誌。以人民為中心的發展思想充分體現了尊重歷史發展規律和尊重人民主體地位的一致性，充分體現了中國共產黨人全心全意為人民服務的根本宗旨和「人民對美好生活的嚮往，就是我們的奮鬥目標」的價值追求。

彰顯了當代中國經濟社會發展的基本價值取向。創新、協調、綠

色、開放、共用的發展理念突出目標牽引、堅持問題導向、著力補齊短板，深刻揭示了在當今時代實現更高品質、更有效率、更加公平、更可持續發展的科學路徑，是關係我國發展全域的一場深刻變革。以人民為中心的發展思想把增進人民福祉、促進人的全面發展、朝著共同富裕方向穩步前進作為經濟社會發展的出發點和落腳點，是貫穿新發展理念的靈魂。比如，創新發展重在調動 13 億多人民的積極性、主動性、創造性，發揮人民首創精神，促進大眾創業、萬眾創新；協調發展重在解決發展不平衡的問題，使人民在發展中獲得更多福祉；綠色發展重在引導人民在生產生活中珍惜生態、保護環境，努力提高環境品質，促進人與自然和諧共生；開放發展重在推動互利共贏、共同發展，通過「一帶一路」建設等，協同推進沿線國家和地區人民之間的經貿合作與人文交流；共用發展重在補齊短板，作出更有效的制度安排，使全體人民充分共用發展成果。牢固樹立以人民為中心的發展思想，才能正確把握歷史前進和經濟社會發展的基本規律，不斷開創中國特色社會主義事業新局面。

深入理解以人民為中心的發展思想的豐富內涵

「政之所興在順民心，政之所廢在逆民心」。人民是創造歷史的動力，是決定我們前途命運的根本力量。改革開放以來，我們在認識和實踐上的每一次突破和發展，改革開放中每一個新事物的出現和發展，改革開放每一個方面經驗的創造和積累，無不來自億萬人民的實踐和智慧。以人民為中心的發展思想堅持人民是推動發展的根本力量，具有豐富的思想內涵。

　　牢牢把握人民至上的價值取向，始終堅持人民主體地位。馬克思、恩格斯在《共產黨宣言》中莊嚴宣告：「過去的一切運動都是少數人的或者為少數人謀利益的運動。無產階級的運動是絕大多數人的、為絕大多數人謀利益的運動。」習近平同志深刻指出：「人民是創造歷史的動力，我們共產黨人任何時候都不要忘記這個歷史唯物主義最基本的道理。」中國共產黨誕生於國家衰敗與民族苦難之時，成長於戰火紛飛之中，成熟於社會主義建設之中。正是緊緊依靠人民這個最根本的力量，我們黨逐步成為推動國家繁榮發展和社會進步的先鋒隊。新形勢下，我國經濟社會發展面臨前所未有的機遇和挑戰，更加需要緊緊依靠人民破解發展難題、增強發展動力、厚植發展優勢，創造歷史偉業。因此，習近平同志明確要求，「尊重人民主體地位，聚焦人民實踐創造」「充分發揚民主，廣泛彙聚民智，最大激發民力，形成人人參與、人人盡力、人人都有成就感的生動局面」。牢固樹立以人民為中心的發展思想，就是要堅持人民主體地位，自覺拜人民為師，充分尊重人民創造的經驗、擁有的權利，依靠人民謀求發展，團結億萬人民共同奮鬥。

　　牢牢把握發展為民的根本要求，逐步實現共同富裕。逐步實現共同富裕是社會主義的本質要求，建成惠及 13 億多人口的全面小康社會是我們黨的第一個百年奮鬥目標。無論是全面建成小康社會還是逐步實現共同富裕，都是為了促進人的全面發展，順應人民對過上更美好生活的新期盼。黨的十八大以來，以習近平同志為核心的黨中央堅持發展為民的根本要求，讓改革發展成果更多更公平惠及廣大人民，使人民群眾在共建共用中有更多獲得感。近年來，我國改革發展取得豐碩成果，民生福祉持續改善：九年義務教育鞏固率為93%，普及程度超

過高收入國家平均水準；實施就業優先戰略，「十二五」時期城鎮新增就業人數超過 6400 萬，2016 年城鎮新增就業人數超過 1300 萬；居民收入增速連年跑贏 GDP 增速，城鄉收入差距逐步縮小；建立起覆蓋 13 億多人口的世界最大規模的社會保障安全網；全面打響脫貧攻堅戰，精準扶貧、精準脫貧成效顯著。堅持以人民為中心的發展思想，在經濟平穩健康發展的基礎上使改革發展成果更多更公平惠及全體人民，就能如期全面建成小康社會，朝著共同富裕的目標穩步前進。

　　牢牢把握民意為重的評價標準，密切黨同人民群眾的血肉聯繫。民心是最大的政治。習近平同志指出：「檢驗我們一切工作的成效，最終都要看人民是否真正得到了實惠，人民生活是否真正得到了改善，人民權益是否真正得到了保障」「做好經濟社會發展工作，民生是「指南針」。」牢牢把握民意為重的評價標準，是堅持立黨為公、執政為民的內在要求，是黨和人民事業不斷發展的重要保證。黨的十八大以來，以習近平同志為核心的黨中央堅持全面從嚴治黨，用鐵的紀律維護黨的團結統一，以零容忍態度懲治腐敗，相繼開展了黨的群眾路線教育實踐活動、「三嚴三實」專題教育、「兩學一做」學習教育，黨風政風呈現新氣象，受到人民群眾的衷心擁護和支持。天下何以治？得民心而已；天下何以亂？失民心而已。習近平同志強調：「只要我們管黨治黨不放鬆、正風肅紀不停步、反腐懲惡不手軟，就一定能贏得這場輸不起也決不能輸的鬥爭！」踐行以人民為中心的發展思想，就是要充分尊重人民意願、順應人民期待、贏得人民擁戴，密切黨同人民群眾的血肉聯繫。

協調推進「四個全面」戰略佈局，把以人民為中心的發展思想落到實處

「四個全面」戰略佈局是我們黨在新形勢下治國理政的總方略，是事關黨和國家長遠發展的總戰略。按照協調推進「四個全面」戰略佈局的要求推動以人民為中心的發展思想落實，才能把這一思想體現在發展各個環節，更好地促進發展、造福人民。

貫徹落實全面建成小康社會的要求，補齊民生短板，努力增進人民福祉。全面建成小康社會的目的是讓人民過上好日子，主要衡量標準是看人民生活水準和品質是否普遍提高。深入貫徹落實以人民為中心的發展思想，必須在全面建成小康社會的征程中不斷提高全體人民福祉，其中一項關鍵任務是補齊民生短板、加強民生保障。目前，我國還有 4000 多萬貧困人口，如果到 2020 年這些貧困人口無法脫貧、生活得不到明顯改善，那就沒有體現出我國社會主義制度的優越性，就不能稱之為全面小康社會。加快補齊民生短板，必須雪中送炭，堅持精準扶貧、精準脫貧基本方略，打贏脫貧攻堅戰；加快推進以人為核心的新型城鎮化，解決好「三個一億人」問題，不斷推進農民工市民化進程，提高戶籍人口城鎮化水準；不斷提高社會保障水準，在更高水準上增加教育、就業服務、基本醫療等公共服務的供給；堅持綠色發展，為人民提供更乾淨的水、更新鮮的空氣和更放心的食品，全方位增進人民福祉。

貫徹落實全面深化改革的要求，增強發展的內生動力，讓人民得到更多實惠。以人民為中心的發展思想最終要落到發展上來。沒有經濟發展，造福人民、增進人民福祉就成了空話。當前，我國經濟發展

進入新常態，經濟增速由高速向中高速轉換，結構性失衡問題突出，迫切需要通過全面深化改革破除發展的體制機制障礙。我們要牢牢把握全面深化改革的要求，謀求遵循經濟規律的科學發展、遵循自然規律的可持續發展、遵循社會規律的包容性發展，發揮好經濟體制改革的牽引作用，深化國有企業、財稅、金融、土地、科技、收入分配、對外開放等關鍵領域和重要環節的改革創新，推進供給側結構性改革取得重要進展，不斷增強經濟發展的內生動力，為增進人民福祉奠定堅實的物質基礎。

　　貫徹落實全面依法治國的要求，推進法治中國建設，讓人民切實感受到公平正義。公平正義是社會主義的本質特徵。堅持以人民為中心的發展思想，要回應人民群眾對公平正義的期待，為營造公平正義的經濟社會環境提供法治保障，讓人民切實感受到公平正義。為此，應全面推進法治中國建設，堅持運用法治思維和法治方式開展工作、解決問題、推進改革發展；堅持公正司法，努力讓人民群眾在每一個司法案件中都能感受到公平正義，決不能讓不公正的審判傷害人民群眾感情、損害人民群眾權益；堅持人民主體地位，切實保障公民享有權利和履行義務，保障人民平等參與、平等發展權利，依法懲治偏離公平競爭規則的市場行為；積極培育社會主義法治文化，讓依法辦事在全社會蔚然成風。

　　貫徹落實全面從嚴治黨的要求，不斷提高黨的執政能力和執政水準，增強人民對中國特色社會主義事業的信心。辦好中國的事情，關鍵在黨。落實好以人民為中心的發展思想，關鍵也在黨。站在新的歷史起點上，我們黨擔負重大的歷史使命，面臨種種風險和挑戰。完成歷史使命、戰勝風險挑戰，必須管好黨、治好黨，確保黨始終成為中

國特色社會主義事業的堅強領導核心。把全面從嚴治黨落到實處，就要堅持走群眾路線，與人民同苦、同樂、同命運。習近平同志指出：「我們要珍惜人民給予的權力，用好人民給予的權力，自覺讓人民監督權力，緊緊依靠人民創造歷史偉業，使我們黨的根基永遠堅如磐石。」堅持以人民為中心的發展思想，應做到珍惜民力民智、解決民困民難、維護民生民利，時刻聆聽百姓的呼聲建議，切身體驗人民的喜怒憂樂，準確把握群眾的思想脈搏。只有敬畏人民、依靠人民、服務人民，才能得民心、聚民力，把改革發展的每一項工作做實、做細、做好，不斷取得中國特色社會主義事業新勝利。

《人民日報》（2017 年 02 月 22 日　07 版）

始終堅持以人民為中心的價值追求

孫大海

習近平同志在黨的十九大報告中把堅持以人民為中心作為新時代堅持和發展中國特色社會主義的重要內容。他強調：人民是歷史的創造者，是決定黨和國家前途命運的根本力量。必須堅持人民主體地位，堅持立黨為公、執政為民，踐行全心全意為人民服務的根本宗旨，把黨的群眾路線貫徹到治國理政全部活動之中，把人民對美好生活的嚮往作為奮鬥目標，依靠人民創造歷史偉業。這些重要論述充分彰顯了我們黨始終堅持以人民為中心的價值追求和執政為民的責任擔當，為把新時代中國特色社會主義推向前進提供了價值遵循。

以人民為中心詮釋黨的根本政治立場和價值取向

習近平同志指出，中國共產黨人的初心和使命，就是為中國人民謀幸福，為中華民族謀復興。這決定了人民立場是中國共產黨的根本政治立場。我們黨自成立之日起，就把堅持人民利益高於一切鮮明地寫在自己的旗幟上，把全心全意為人民服務作為根本宗旨，把實現好、維護好、發展好最廣大人民根本利益作為一切工作的出發點和落腳點。96年來，我們黨之所以能夠從小到大、從弱到強，關鍵就在於始終堅持以人民為中心，做到權為民所用、情為民所系、利為民所謀。

可以說，以人民為中心深刻詮釋了黨的根本政治立場和價值取向。

　　堅持馬克思主義唯物史觀的內在要求。唯物史觀認為，人民群眾是歷史的主體，是推動社會發展進步的決定力量。在社會主義制度下，人民是國家和社會的主人，堅持黨的領導和堅持以人民為中心具有內在一致性。黨的十八大以來的 5 年，是黨和國家發展進程中極不平凡的 5 年。這 5 年之所以能夠解難題辦大事，關鍵是順應實踐要求和人民願望，提出一系列新理念新思想新戰略，出臺一系列重大方針政策，推出一系列重大舉措，推進一系列重大工作。可見，強調黨的根基在人民、力量在人民，堅持以人民為中心推進中國特色社會主義偉大事業，是馬克思主義唯物史觀的內在要求，是中國特色社會主義的根本特徵和動力所在。

　　堅持黨的性質和根本宗旨的本質體現。中國共產黨是中國工人階級的先鋒隊，同時是中國人民和中華民族的先鋒隊，這決定了黨的性質和根本宗旨。正是黨的性質和根本宗旨決定了我們黨必須始終堅持以人民為中心，任何時候都必須把人民利益放在第一位，把人民對美好生活的嚮往作為奮鬥目標，把全心全意為人民服務作為黨一切行動的根本出發點和最終目標。習近平同志指出：「始終堅持全心全意為人民服務的根本宗旨，是我們黨得到人民擁護和愛戴的根本原因。」這深刻闡明了始終堅持以人民為中心，一切為了人民、一切依靠人民，堅持人民利益高於一切，是永葆黨的創造力、凝聚力、戰鬥力的關鍵所在。

　　堅持黨的群眾路線的生動展現。密切聯繫群眾是我們黨最大的政治優勢，只有堅持黨的群眾路線才能始終保持黨同人民群眾的血肉聯繫。習近平同志告誡全黨：「我們黨來自人民、植根人民、服務人民，

一旦脫離群眾，就會失去生命力。」這表明堅持群眾觀點和踐行群眾路線，就必須始終堅持以人民為中心，始終保持黨同人民群眾的血肉聯繫，自覺從人民群眾的偉大實踐中汲取智慧和力量，自覺接受人民群眾的評判和監督，真正為群眾辦實事、解難事、做好事，把黨和人民的事業不斷推向前進。

以人民為中心推動中國特色社會主義進入新時代

習近平同志指出，經過長期努力，中國特色社會主義進入了新時代。中國特色社會主義進入新時代，是基於改革開放特別是黨的十八大以來黨和國家事業發生歷史性變革作出的重大判斷。黨和國家事業之所以能發生歷史性變革，中國特色社會主義之所以能進入新時代，關鍵就在於我們黨把堅持以人民為中心作為治國理政的價值引領，統籌推進「五位一體」總體佈局、協調推進「四個全面」戰略佈局、貫徹落實新發展理念，不斷實現好、維護好、發展好最廣大人民的根本利益。

以人民為中心統籌推進「五位一體」總體佈局、協調推進「四個全面」戰略佈局。 黨的十八大以來，我們黨從實現「兩個一百年」奮鬥目標和中華民族偉大復興中國夢的高度，基於治國理政新實踐提出統籌推進「五位一體」總體佈局和協調推進「四個全面」戰略佈局。這兩大佈局堅持以人民為中心，對改革發展穩定、內政外交國防、治黨治國治軍各方面進行整體謀劃和系統構建，著眼於全面推進中國特色社會主義事業，把實現好、維護好、發展好最廣大人民根本利益作為出發點和落腳點，既聚焦解決人民群眾最關注的熱點難點焦點問

題，又著力維護和實現人民群眾在經濟、政治、文化、社會、生態等各方面的權益，在整體推進、重點突破中推動中國特色社會主義事業不斷向前發展。

以人民為中心貫徹新發展理念。站在新的歷史起點上，我們黨基於以人民為中心的發展思想和價值取向，遵循尊重人民、依靠人民、為了人民的原則，提出創新、協調、綠色、開放、共用的發展理念。新發展理念注重協同性和聯動性，統籌解決發展的動力問題、發展的平衡問題、人與自然和諧問題、發展的內外聯動問題、社會公平正義問題，積極回應人民群眾訴求、滿足人民群眾需求，以尊重人民主體地位和創造精神推動經濟社會發展，適應把握引領經濟發展新常態，努力開拓更高品質、更有效率、更加公平、更可持續發展的現代化之路，讓中國特色社會主義道路越走越寬廣。

以人民為中心把握三大規律。習近平同志強調，認識和把握我國社會發展的階段性特徵，要堅持辯證唯物主義和歷史唯物主義方法論，從歷史和現實、理論和實踐、國內和國際等的結合上進行思考，從我國社會發展的歷史方位上來思考，從黨和國家事業發展大局出發進行思考。正是基於這樣的思考，我們黨堅持以人民為中心，深刻把握人民群眾需要呈現多樣化多層次多方面的特點，著眼於人的全面發展和社會全面進步，不斷深化對共產黨執政規律、社會主義建設規律、人類社會發展規律的認識，堅持真理性與價值性相統一，加快推進改革開放和社會主義現代化，切實實現好、維護好、發展好最廣大人民的根本利益。

以人民為中心提高對外開放水準。黨的十八大以來，中國特色社會主義之所以能夠煥發出強大生機活力，一個重要原因就在於堅持以

人民為中心推進改革開放。這不僅滿足了人民群眾對美好生活的嚮往，開創了中國特色社會主義發展新局面，而且為解決人類問題貢獻了中國智慧和中國方案。一方面，我們黨以更加開放包容的姿態，積極吸收借鑒世界各國優秀文明成果，博採眾長、為我所用，積極為民謀福祉；另一方面，我們黨更好統籌國內國際兩個大局，基於中國智慧推動全球治理體系變革，不斷增強中國的國際影響力和話語權，讓中華民族以嶄新姿態屹立於世界的東方。

把以人民為中心貫徹到治國理政全部活動之中

習近平同志指出：「以人民為中心的發展思想，不是一個抽象的、玄奧的概念，不能只停留在口頭上、止步於思想環節，而要體現在經濟社會發展各個環節。」民心是最大的政治。當前，中國特色社會主義進入了新時代，我們要牢牢把握人民群眾對美好生活的嚮往，把以人民為中心貫徹到治國理政全部活動之中，做到發展為了人民、發展依靠人民、發展成果由人民共用，更好增進人民福祉，更好發展中國特色社會主義事業，更好推動人的全面發展、社會全面進步。

在治國理政理念上彰顯以人民為中心。習近平同志強調：全黨必須牢記，為什麼人的問題，是檢驗一個政黨、一個政權性質的試金石。帶領人民創造美好生活，是我們黨始終不渝的奮鬥目標。必須始終把人民利益擺在至高無上的地位，讓改革發展成果更多更公平惠及全體人民，朝著實現全體人民共同富裕不斷邁進。這就要求我們在治國理政理念上堅持以人民為中心，更加突出人民群眾的主體地位，把人民群眾作為改革、發展、創新的主體；始終牢記全心全意為人民服務的

根本宗旨，把人民利益放在第一位，把人民群眾對美好生活的嚮往作為我們的奮鬥目標；牢固樹立立黨為公、執政為民的執政理念，切實解決好「我是誰、為了誰、依靠誰」的問題。

在治國理政舉措上堅持以人民為中心。習近平同志指出，中國特色社會主義進入新時代，我國社會主要矛盾已經轉化為人民日益增長的美好生活需要和不平衡不充分的發展之間的矛盾。我國穩定解決了十幾億人的溫飽問題，總體上實現小康，不久將全面建成小康社會，人民美好生活需要日益廣泛，不僅對物質文化生活提出了更高要求，而且在民主、法治、公平、正義、安全、環境等方面的要求日益增長。民之所望，施政所向。堅持以人民為中心不僅要體現在治國理政理念上，而且要轉化為施政的具體舉措。這就要求我們在著力解決好發展不平衡不充分問題的基礎上推出更多民生工程、實施更多惠民舉措，更好滿足人民在經濟、政治、文化、社會、生態等方面日益增長的需要。

在治國理政評價上突出以人民為中心。習近平同志指出，我們黨的執政水準和執政成效都不是由自己說了算，必須而且只能由人民來評判。人民是我們黨的工作的最高裁決者和最終評判者。知屋漏者在宇下，知政失者在草野。堅持以人民為中心，就要傾聽群眾聲音、反映群眾訴求、接受群眾監督，讓人民評價黨和政府的工作，讓人民群眾獲得更多實實在在的利益，不斷提升人民群眾獲得感和幸福感，進一步贏得人民群眾的認可和支持，從而彙聚起進行偉大鬥爭、建設偉大工程、推進偉大事業、實現偉大夢想的磅礴偉力。

《人民日報》（2017 年 10 月 23 日　14 版）

不忘初心　方得始終

孫來斌

　　「一個民族、一個國家，必須知道自己是誰，是從哪裡來的，要到哪裡去，想明白了、想對了，就要堅定不移朝著目標前進」。習近平同志諄諄教誨我們，不忘初心、方得始終。中國共產黨人的初心和使命，就是為中國人民謀幸福，為中華民族謀復興。這是激勵我們不斷前進的根本動力。

　　追問我們「從哪裡來」這個問題，可以從歷史中找到答案。在近代以後中國社會的劇烈變動中，在中國人民反抗封建統治和外來侵略的激烈鬥爭中，在馬克思列寧主義同中國工人運動相結合的開拓奮進中，中國共產黨應運而生。作為一個馬克思主義政黨，我們黨一經成立就把實現共產主義作為最高理想和最終目標，義無反顧肩負起實現中華民族偉大復興的歷史使命。在我國革命、建設和改革各個時期，我們黨始終堅持全心全意為人民服務的根本宗旨，為中國人民謀幸福，為中華民族謀復興，建立新中國，開闢中國特色社會主義道路，引領中國特色社會主義進入新時代，使近代以來久經磨難的中華民族迎來了從站起來、富起來到強起來的偉大飛躍。一路走來，我們黨初心不改、矢志不渝，贏得人民群眾衷心擁護。一切向前走，都不能忘記走過的路；走得再遠、走到再光輝的未來，也不能忘記走過的過去。當前，面對世界形勢深刻變化，面對國內外各種風險和考驗，面對新

時代中國特色社會主義新要求，全黨要牢記宗旨、不忘初心，自覺為實現新時代黨的歷史使命而不懈奮鬥。

「靡不有初，鮮克有終。」如果忘記初心，就會脫離群眾、被人民拋棄。毛澤東同志曾告誡全黨：「共產黨是為民族、為人民謀利益的政黨，它本身決無私利可圖。它應該受人民的監督，而決不應該違背人民的意旨。」一個政黨，一個政權，其前途命運取決於人心向背。人民群眾反對什麼、痛恨什麼，我們就要堅決防範和糾正什麼。反觀一些國家的馬克思主義政黨之所以失去執政地位，一個根本原因就是背離初心、脫離群眾、蛻化變質。現在，我們黨面臨著複雜執政環境，黨員、幹部要始終堅定「四個自信」，不斷增強「四個意識」，深刻認識「四大考驗」的長期性和複雜性、「四種危險」的尖銳性和嚴峻性，用全面從嚴治黨的堅強決心、有效舉措和制度安排守護初心、築牢底線。

恩格斯說過：「一個知道自己的目的，也知道怎樣達到這個目的的政黨，一個真正想達到這個目的並且具有達到這個目的所必不可缺的頑強精神的政黨——這樣的政黨將是不可戰勝的。」中國共產黨正是這樣的政黨。今天，我們比歷史上任何時期都更接近、更有信心和能力實現中華民族偉大復興的目標。但須謹記，行百里者半九十。中華民族偉大復興絕不是輕輕鬆鬆、敲鑼打鼓就能實現的。實現偉大夢想，必須進行偉大鬥爭、建設偉大工程、推進偉大事業。黨員、幹部要不忘初心、牢記使命，認真貫徹以人民為中心的發展思想，解決好權力觀、地位觀、義利觀問題，明確「我是誰、為了誰、依靠誰」，始終把人民利益擺在第一位，積極回應人民對美好生活的新期待，推動幼有所育、學有所教、勞有所得、病有所醫、老有所養、住有所居、弱有

所扶取得新進展，讓人民的獲得感、幸福感、安全感更加充實、更有保障、更可持續。

習近平同志的話發人深省：我既定的人生的事情，就是為老百姓多做一些事情，所以每有新的挑戰、新的考驗，腦海裡翻騰的都是陝北高原上父老兄弟的信天遊。可以說，「信天遊」背後深深的人民情結，正是共產黨人戰勝各種挑戰和考驗的強大精神動力。今天，為中國人民謀幸福、為中華民族謀復興的前行路上還會有許多挑戰和考驗。黨員、幹部要以永不懈怠的精神狀態和一往無前的奮鬥姿態，推動中國特色社會主義偉大事業不斷從勝利走向新的勝利。

《人民日報》（2017 年 11 月 02 日　07 版）

深入理解以人民為中心的時代內涵

彭煥才

以人民為中心體現了中國共產黨人的初心和使命，是工人階級政黨本質規定的當代表達。黨的十八大以來，以習近平同志為核心的黨中央把握群眾是真正英雄的歷史唯物主義觀點，秉持全心全意為人民服務的根本宗旨，堅守與人民同呼吸共命運的價值立場，賦予以人民為中心鮮明的時代內涵，為黨在新的歷史條件下治國理政與發展中國特色社會主義進一步明確了目標指向和行動遵循。

馬克思主義政治經濟學的根本立場。馬克思主義政治經濟學從不隱瞞自己的立場和價值取向，那就是廣大人民群眾的立場，就是為最廣大人民謀利益的價值取向。習近平同志指出，要堅持以人民為中心的發展思想，這是馬克思主義政治經濟學的根本立場。以人民為中心的發展，就是發展為了人民、發展依靠人民、發展成果由人民共用；就是全體人民既是社會主義事業的建設者，又是經濟社會發展成果的享有者；就是把增進人民福祉、促進人的全面發展、朝著共同富裕方向穩步前進作為經濟社會發展的出發點和落腳點。以人民為中心的發展思想，深刻揭示當今時代要實現更高品質、更有效率、更加公平、更可持續的發展，堅決摒棄「重物輕人」「GDP 崇拜」等錯誤觀念和做法，努力在改革發展中讓人民群眾有更多獲得感和幸福感。這深刻體現了中國特色社會主義的本質特徵，是馬克思主義政治經濟學人民立場的

進一步深化。

中國共產黨治國理政的價值追求。堅持以人民為中心，堅持立黨為公、執政為民，這是中國共產黨治國理政的邏輯遵循和價值追求。從「人民對美好生活的嚮往，就是我們的奮鬥目標」到「民心是最大的政治」，以習近平同志為核心的黨中央緊緊圍繞實現最廣大人民的根本利益，把以人民為中心融入黨的路線方針政策，轉化為執政目標、執政政策。黨的十八大以來，以人民為中心成為協調推進「四個全面」戰略佈局的基本原則：全面建成小康社會，是為了切實提高人民物質文化生活水準；全面深化改革破除體制機制障礙，立足解決人民群眾最關心的現實利益問題，著眼黨和人民事業長遠發展；全面依法治國以法治方式保證人民當家作主，保障人民合法權益；全面從嚴治黨堅決懲治腐敗，進一步密切黨同人民群眾的血肉聯繫。

解決「發展起來後的問題」的方法指引。改革開放近 40 年來，我國經濟社會發展取得巨大成就，但「發展起來後的問題」日益凸顯，主要表現為收入差距拉大、社會建設滯後、權力尋租和腐敗問題尚未根治、傳統發展動能衰減等。能否解決「發展起來後的問題」，關鍵在於能否堅持以人民為中心。堅持以人民為中心，就能始終保持黨同人民群眾的血肉聯繫，始終與人民同呼吸、共命運、心連心，以零容忍態度懲治腐敗；就能堅持「從群眾中來，到群眾中去」，問政於民、問需於民、問計於民，不斷提高執政為民的能力和水準；就能把人民放在心中最高位置，將服務人民的使命轉化為執政為民的實踐，做好宣傳群眾、組織群眾、教育群眾、服務群眾的工作，提升察民意、解民憂、惠民生的水準，縮小收入差距，凝聚社會共識，有效化解矛盾；就能深刻認識人民是推動歷史發展的根本力量，充分發揮人民群眾的

積極性、主動性、創造性，激發人民群眾的創新活力，將尊重人民主體地位與發揮人民力量有機統一起來，從而順利跨越「塔西佗陷阱」與「中等收入陷阱」，引領中國特色社會主義事業走向更加光明的未來。

《人民日報》（2017 年 10 月 17 日　07 版）

以人民為中心是黨治國理政的價值引領

王振海　孫　濤

　　人民群眾是我們黨的力量源泉，人民立場是我們黨的根本政治立場。實現「兩個一百年」奮鬥目標和中華民族偉大復興的中國夢，必須始終堅持以人民為中心，將增進人民福祉、促進人的全面發展作為推動經濟社會發展的出發點和落腳點。黨的十八大以來，以習近平同志為核心的黨中央提出的治國理政新理念新思想新戰略，深刻體現了以人民為中心是我們黨治國理政的價值引領。

　　以人民為中心體現在執政理念裡。我們黨來自人民、植根人民、服務人民，是在與人民群眾的密切聯繫中發展壯大起來的。失去人民的擁護和支持，黨就會失去根基、失去力量。以人民為中心，堅持立黨為公、執政為民，實現好、維護好、發展好最廣大人民的根本利益，是我們黨的執政追求，體現了黨全心全意為人民服務的根本宗旨。習近平同志深情地說：「我的執政理念，概括起來說就是：為人民服務，擔當起該擔當的責任。」黨的十八大以來，以習近平同志為核心的黨中央提出的治國理政新理念新思想新戰略，在執政理念上深刻體現了以人民為中心。比如，黨的十八屆三中全會通過的《中共中央關於全面深化改革若干重大問題的決定》在闡述全面深化改革指導思想時，明確提出「以促進社會公平正義、增進人民福祉為出發點和落腳點」；在闡述全面深化改革必須長期堅持的重要經驗時，明確提出「堅持以

人為本，尊重人民主體地位，發揮群眾首創精神，緊緊依靠人民推動改革，促進人的全面發展」。再如，黨的十八屆五中全會提出了創新、協調、綠色、開放、共用的新發展理念，其中共用發展理念就是以人民為中心在執政理念上的直接體現。

以人民為中心體現在制度設計中。堅持以人民為中心不能停留在理念層面，而要落實到經濟社會發展實踐中。這就必須加強制度建設，使制度的制定和執行都充分體現以人民為中心。黨的十八大以來，全面推進依法治國是加強制度建設的集中體現。我們黨全面推進依法治國的一個基本原則，就是「堅持人民主體地位」。黨的十八屆四中全會通過的《中共中央關於全面推進依法治國若干重大問題的決定》明確提出，必須堅持法治建設為了人民、依靠人民、造福人民、保護人民，以保障人民根本權益為出發點和落腳點，保證人民依法享有廣泛的權利和自由、承擔應盡的義務，維護社會公平正義，促進共同富裕；必須保證人民在黨的領導下，依照法律規定，通過各種途徑和形式管理國家事務，管理經濟文化事業，管理社會事務。黨的十八大以來，以習近平同志為核心的黨中央制定實施了一系列實現、維護和發展人民群眾利益的制度，使人民群眾各方面權益得到制度化、法治化保障，充分體現了以人民為中心。

以人民為中心體現在發展成果由人民共用上。堅持以人民為中心，最重要的是增強人民群眾的獲得感，使人民群眾獲得實實在在的利益，真正過上美好幸福生活。只有讓人民群眾共用改革發展成果，才是真正堅持以人民為中心，也才能使我們黨的執政基礎穩如泰山、堅如磐石。新時期，人民群眾的利益訴求具有多樣性與動態性，這就要求我們黨既要著眼當前實現好、維護好、發展好人民群眾的根本利

益，又要隨著時代發展不斷滿足人民群眾變化著的利益訴求。黨的十八大以來，以習近平同志為核心的黨中央堅持發展成果由人民共用，著力解決人民群眾最關心最直接最現實的利益問題，在讓人民群眾共用改革發展成果上不斷取得新成效。比如，黨中央作出堅決打贏脫貧攻堅戰的重大決策，堅持精準扶貧、精準脫貧基本方略，確保到2020年我國現行標準下農村貧困人口實現全部脫貧、貧困縣全部摘帽，解決區域性整體貧困，使發展成果更多更公平惠及全體人民。

《人民日報》（2017年01月19日　07版）

改革以造福人民為根本目的

張怡恬

　　「我們推進改革的根本目的，是要讓國家變得更加富強、讓社會變得更加公平正義、讓人民生活得更加美好。」2014 年元旦習近平同志就任國家主席後發表的首篇新年賀詞，引起全國人民的強烈共鳴。

　　黨的十八大以來，全面深化改革以促進社會公平正義、增進人民福祉為出發點和落腳點，既往有利於增添發展新動力方向前進，又往有利於維護社會公平正義方向前進，改革發展成果更多更公平惠及全體人民：財稅金融改革、科技創新、對外開放、收入分配改革促進經濟新動能積聚，推動居民收入增速跑贏經濟增速；戶籍制度改革降低落戶門檻，讓轉移人口進得來、住得下、好就業；教育改革推動我國教育總體發展水準進入世界中上行列；醫藥衛生體制改革使個人衛生支出占衛生總費用比重降至近 20 年來最低水準；勞動就業制度改革助力城鎮新增就業連年保持在 1300 萬人以上；簡政放權改革激發創業創新熱潮；國有企業改革夯實共同富裕的經濟基礎；生態文明體制改革讓天更藍、水更清……5 年來，我們推出 1500 多項改革舉措，向全國人民交上了一份沉甸甸的改革成績單。

　　把這份改革成績單放到錯綜複雜的國際國內經濟形勢下看，讓人更加感到來之不易、彌足珍貴。經濟復蘇乏力、社會動盪不安、人民生活水準下降，是 2008 年國際金融危機後許多國家難以擺脫的困局。

經濟下行壓力大、困難多，改革啃硬骨頭多、打攻堅戰多、動奶酪多，是我國全面深化改革的大背景。在如此困難的條件下，以習近平同志為核心的黨中央團結帶領全國人民以一往無前的氣概全面深化改革，過險灘、闖難關，啃下了許多硬骨頭。這充分說明，我國的改革不是「面子工程」，也不是像一些西方國家政黨那樣開出的空頭支票，而是以造福人民為根本目的。

改革以造福人民為根本目的，體現在人民是改革進程的推動主體上。我們黨一貫認為，人民是歷史進步的真正動力，群眾是真正的英雄。全面深化改革牢牢堅持人民立場，始終以人民為主體。改革從群眾反映最強烈的問題著手，從基層探索和實踐創新中尋找解決矛盾問題的突破口，充分尊重人民所表達的意願、所創造的經驗、所擁有的權利、所發揮的作用；把頂層設計與基層探索緊密結合起來，把堅持在黨的領導下推進改革和尊重人民主體地位高度統一起來，根據人民需求制定改革時間表、路線圖和具體舉措。改革是億萬人民自己的事業，人民在改革中施展才幹、成就夢想。

改革以造福人民為根本目的，體現在人民是改革成果的分享主體上。我們黨幹革命、搞建設、抓改革都是為了讓人民過上幸福生活，改革成果是全體人民共建共用的勞動果實。任何改革舉措，都包含著通過解放生產力、促進社會公平正義來增進人民福祉的內在邏輯。比如推進供給側結構性改革，是為了在解放和發展生產力中更好滿足人民日益增長的物質文化需要；促進教育均衡發展、推動教育脫貧，是為了阻斷貧困代際傳遞……黨的十八大以來，伴隨經濟平穩健康發展，我國人民生活水準全方位提高，全體人民都是改革的受益者。

改革以造福人民為根本目的，還體現在人民是改革成效的評價主

體上。習近平同志強調，把是否促進經濟社會發展、是否給人民群眾帶來實實在在的獲得感，作為改革成效的評價標準。這充分說明，改革成效好不好，評價主體不是個別人、少數人，而是廣大人民。把改革舉措放到實踐中去檢驗，讓基層來評判，讓群眾來打分，就能使各項決策和各方面工作最大限度地符合實際情況、符合客觀規律、符合人民意願。

在改革啃硬骨頭的階段，觸及利益深，影響範圍廣，兩難、多難問題增多，改革之複雜艱巨前所未有。但是，由於我們黨始終堅持改革以人民為中心、以造福人民為根本目的，各項改革舉措不斷向縱深推進，取得了舉世無雙的巨大成就。以人民為中心、與人民在一起，這是改革突破關口、戰勝險阻、破浪前行的根本動力所在。

《人民日報》（2017 年 09 月 28 日　07 版）

第三章

中國共產黨始終以實現中華民族偉大復興為己任，團結帶領全國各族人民奮力推進革命、建設、改革事業，取得了舉世矚目的偉大成就

實現中華民族偉大復興是近代以來中華民族最偉大的夢想

曲青山

習近平同志在黨的十九大報告中指出：「不忘初心，方得始終。中國共產黨人的初心和使命，就是為中國人民謀幸福，為中華民族謀復興。」「實現中華民族偉大復興是近代以來中華民族最偉大的夢想。中國共產黨一經成立，就把實現共產主義作為黨的最高理想和最終目標，義無反顧肩負起實現中華民族偉大復興的歷史使命，團結帶領人民進行了艱苦卓絕的鬥爭，譜寫了氣吞山河的壯麗史詩。」這些重要論斷深刻揭示了中國近現代社會歷史發展規律，指明了當代中國的發展走向，體現了中國共產黨與中國人民、中華民族生死相依的血肉聯繫，闡明了新時代中國共產黨的歷史使命。

實現中華民族偉大復興凝聚了幾代中國人的夙願

　　中國是一個有著五千多年文明史的文明大國，在歷史上曾長期走在世界前列。只是到了近代，才由於各種原因落伍了。但先進的中國人不甘落後，無數仁人志士「以愛國相砥礪，以救亡為己任」，拯救民族危難，寫下了不朽的歷史篇章。

　　中華民族曾為人類作出卓越貢獻。在幾千年的文明發展史中，中華民族創造了悠久燦爛的中華文明。在世界四大文明古國中，古巴比倫、古埃及、古印度的文明都曾中斷過，唯有中華文明有國有史一直傳承到今天，這在世界上是獨一無二的。中國古代的四大發明造福全世界。16 世紀以前，影響人類生活的重大科技發明約有 300 項，其中中國人的發明占 175 項。英國人李約瑟在《中國科學技術史》中寫道：「在現代科學技術登場前十多個世紀，中國在科技和知識方面的積累遠勝於西方。」中國歷史上先後出現的文景之治、貞觀之治、康乾盛世等，彰顯了經濟文化發展的繁榮景象和中國社會治理的博大智慧。據有關研究得出的結論，1750 年中國工業產量占世界總產量的 32.8%。康熙年間，全世界 50 萬人口以上的 10 個大城市中，中國占了 6 個。

　　無數仁人志士為了民族復興不屈不撓、前仆後繼。近代以後，由於西方列強的入侵和封建統治的腐敗，中國逐漸成為半殖民地半封建社會，中華民族遭受了深重苦難。但中國人民沒有屈服，而是挺起脊樑、奮起抗爭，進行了一場場氣壯山河的鬥爭，譜寫了一曲曲可歌可泣的史詩。1840 年英國發動鴉片戰爭，用堅船利炮打開了中國的大門，中國的社會性質開始發生變化。從鴉片戰爭到五四運動近 80 年間，中國社會各階級、各階層和各種政治力量都曾登上歷史舞臺，力圖挽救

中國於危亡之中。但無論是太平天國起義還是戊戌變法，都以失敗而告終。孫中山領導的辛亥革命雖然推翻了長達 2000 多年的封建帝制，但並沒有改變舊中國的社會性質和人民的悲慘命運。此後，政黨政治在中國興起，當時在北京、上海等地曾出現過大大小小 300 多個政黨和政治團體，但很快就在中國政治舞臺上消失了。

近代中國歷史表明，農民階級和資產階級改良派、革命派都沒有能力承擔起領導中國民主革命的重任，不可能完成反帝反封建的歷史任務。20 世紀上半葉先後建立的不同性質的政黨、政團也都沒有科學的理論作指導，沒有先進的階級作基礎，未能提出正確的綱領並發動人民群眾以解決近代以來中國社會所面臨的迫切問題，沒有得到廣大人民群眾的擁護和支持。因此，它們的失敗就成為歷史的必然。

中國共產黨一經成立就義無反顧肩負起實現中華民族偉大復興的歷史使命

中國共產黨成立至今，已走過 96 年光輝歷程。96 年來，中國共產黨創造了一個又一個彪炳史冊的人間奇跡，為國家、為民族、為人民作出了偉大歷史貢獻。新民主主義革命時期、社會主義革命和建設時期、改革開放和社會主義現代化建設新時期，我們黨先後完成和推進了三件大事：一是救國，二是興國，三是強國，從根本上改變了中華民族和中國人民的前途命運。這三件具有內在必然聯繫的大事，是中國社會歷史發展演進的大邏輯，是一代又一代中國共產黨人同人民群眾一道頑強拼搏、接續奮鬥，為實現中華民族偉大復興而譜寫的光輝篇章。

救國：實現中華民族偉大復興的根本前提。1921 年 7 月，在中華民族內憂外患、社會危機空前深重的背景下，在近代以後中國社會的劇烈變動中，在中國人民反抗封建統治和外來侵略的激烈鬥爭中，在馬克思列寧主義同中國工人運動的結合過程中，中國共產黨誕生了。這一「開天闢地的大事變」，深刻改變了近代以後中華民族發展的方向和進程，深刻改變了中國人民和中華民族的前途和命運，深刻改變了世界發展的趨勢和格局。中國共產黨團結帶領人民進行 28 年浴血奮戰，打敗日本帝國主義，推翻國民黨反動統治，完成新民主主義革命，建立了中華人民共和國。這一偉大歷史貢獻，其意義在於徹底結束了舊中國半殖民地半封建社會的歷史，徹底結束了舊中國一盤散沙的局面，徹底廢除了列強強加給中國的不平等條約和帝國主義在中國的一切特權，實現了中國從幾千年封建專制政治向人民民主的偉大飛躍。

興國：實現中華民族偉大復興的重要基礎。1949 年 10 月新中國成立以後，中國共產黨團結帶領人民完成社會主義革命，確立社會主義基本制度，消滅一切剝削制度，推進社會主義建設。這一偉大歷史貢獻，其意義在於完成了中華民族有史以來最為廣泛而深刻的社會變革，為當代中國一切發展進步奠定了根本政治前提和制度基礎，為中國發展富強和中國人民富裕起來奠定了堅實基礎，實現了中華民族由近代不斷衰落到根本扭轉命運、持續走向繁榮富強的偉大飛躍。

強國：實現中華民族偉大復興迎來光明前景。1978 年 12 月黨的十一屆三中全會以來，中國共產黨團結帶領人民進行改革開放新的偉大革命，極大激發廣大人民群眾的創造性，極大解放和發展社會生產力，極大增強社會發展活力，人民生活顯著改善，綜合國力顯著增

強，國際地位顯著提高。這一偉大歷史貢獻，其意義在於開闢了中國特色社會主義道路，形成了中國特色社會主義理論體系，確立了中國特色社會主義制度，發展了中國特色社會主義文化，使中國大踏步趕上時代，實現了中國人民從站起來、富起來到強起來的偉大飛躍。習近平同志指出：「現在，我們比歷史上任何時期都更接近中華民族偉大復興的目標，比歷史上任何時期都更有信心、有能力實現這個目標。」中華民族充滿自信，日益走近世界舞臺中央，迎來了實現偉大復興的光明前景。

　　黨的偉大歷史貢獻對中國的意義和世界的影響。中國共產黨領導人民取得的一個又一個偉大勝利，使具有五千多年文明歷史的中華民族全面邁向現代化，讓中華文明在現代化進程中煥發出新的蓬勃生機；使具有 500 年歷史的社會主義主張在世界上人口最多的國家成功開闢出具有高度現實性和可行性的正確道路，讓科學社會主義在 21 世紀煥發出新的蓬勃生機；使具有近 70 年歷史的新中國建設取得舉世矚目的成就，中國這個世界上最大的發展中國家在短短 30 多年裡擺脫貧困並躍升為世界第二大經濟體，創造了人類社會發展史上驚天動地的發展奇跡，使中華民族煥發出新的蓬勃生機。中國共產黨的偉大歷史貢獻，對中國和世界都具有重大的現實意義和深遠的歷史意義。

歷史的啟示

　　一部中國共產黨的歷史，就是中國共產黨人為實現中華民族偉大復興而不懈奮鬥的歷史。中國共產黨是中華民族偉大復興事業的推動者、引領者、實踐者。為了實現中華民族偉大復興的歷史使命，無論

是弱小還是強大，無論是順境還是逆境，我們黨都初心不改、矢志不渝，團結帶領人民歷經千難萬險，付出巨大犧牲，敢於面對曲折，勇於修正錯誤，攻克了一個又一個看似不可能攻克的難關，從勝利走向勝利。這一切給我們以深刻的歷史啟示。

中國共產黨領導是實現中華民族偉大復興的根本保證。歷史告訴我們，沒有先進理論指導，沒有用先進理論武裝起來的先進政黨領導，沒有先進政黨順應歷史潮流、勇擔歷史重任、敢於作出巨大犧牲，中國人民就無法打敗壓在自己頭上的各種反動派，中華民族就無法改變被壓迫、被奴役的命運，我們的國家就無法團結統一、在社會主義道路上日益走向繁榮富強。歷史事實表明，只有中國共產黨才能擔負起實現中華民族偉大復興的歷史使命。歷史和人民選擇中國共產黨領導中華民族偉大復興的事業是正確的，必須長期堅持、永不動搖。

中國道路是實現中華民族偉大復興的必由之路。歷史告訴我們，道路關乎黨的命脈，關乎國家前途、民族命運、人民幸福。在改革開放歷史新時期，中國道路就是中國特色社會主義道路。這條道路是近代以來中國人民長期奮鬥歷史邏輯、理論邏輯、實踐邏輯的必然結果，具有深厚的歷史淵源和廣泛的現實基礎。歷史事實表明，封閉僵化的老路是一條死路，改旗易幟的邪路是一條絕路，唯有中國特色社會主義道路才是一條發展壯大中國、繁榮穩定中國的新路、正路、大路。只有社會主義才能救中國，只有中國特色社會主義才能發展中國。中國共產黨領導中國人民開闢的中國特色社會主義道路是正確的，必須長期堅持、永不動搖。

中國力量是實現中華民族偉大復興的力量源泉。歷史告訴我們，人民是歷史的創造者，是決定黨和國家前途命運的根本力量。中國力

量是中國各族人民大團結的力量，是我們黨克服各種困難、戰勝各種風險挑戰的力量源泉。實現中華民族偉大復興是全體中華兒女的共同心願和共同事業，必須緊緊依靠人民，建立起最廣泛的愛國統一戰線，聚合起磅礴之力。歷史事實表明，中國共產黨的群眾路線是黨的生命線和根本工作路線。中國共產黨領導的愛國統一戰線是黨的事業取得勝利的重要法寶。中國共產黨長期實行的群眾路線和愛國統一戰線是正確的，必須長期堅持、永不動搖。

中國精神是實現中華民族偉大復興的強大動力。歷史告訴我們，在中國這樣一個歷史悠久、國土廣袤、人口眾多、經濟文化曾經嚴重落後的國家探索民族復興道路，是一項極為艱巨的任務。實現中華民族偉大復興，要求我們不僅在物質上強大起來，而且在精神上強大起來。歷史事實表明，我們黨和人民之所以歷經磨難而不衰，千錘百煉更堅強，就是因為我們擁有強大的中國精神，這是我們獨特的政治優勢。中國精神就是以愛國主義為核心的民族精神和以改革創新為核心的時代精神，它是我們凝心聚力的興國強國之魂，是我們砥礪前行的強大精神動力。中國共產黨弘揚踐行的中國精神是正確的，必須長期堅持、永不動搖。

《人民日報》（2017 年 11 月 29 日　07 版）

新階段的群眾路線和中國共產黨

鄭必堅

黨領導人民開創改革開放新時期的新階段

　　中國共產黨 96 周年華誕即將來臨。今年，中國共產黨將召開第
十九次全國代表大會，總結黨的十八大以來在以習近平同志為核心的
黨中央領導下治國理政的偉大實踐和創新理論，進一步堅持「以人民
為中心」，動員全黨和全國人民不忘初心、繼續前進，為實現「兩個
一百年」奮鬥目標和中華民族偉大復興的中國夢而奮鬥。

　　黨的十八大以來，站在新的歷史起點上的中國共產黨，經過治黨
治國治軍的艱苦努力，包括積極參與全球治理，正領導中國人民開創
一個改革開放新時期的新階段。

　　這個新階段，在經濟、政治、文化、社會和生態文明建設諸方面
都具有豐富的內涵。其中，一條毫無疑問的「硬道理」，就是一定要
在前所未有的高度上推進中國人民生產力的發展和創新。應當說，這
樣來突出生產力，突出中國人民生產力在前所未有高度上的發展和創
新，正是實現中國夢最堅實的基石。以此來衡量工作，以此來查找差
距，並且以此來促進中國特色社會主義各方面事業的發展，這就叫作
「生產力標準」。正如習近平同志精闢指出的，「社會主義的根本任

務是解放和發展社會生產力。在全面深化改革中，我們要堅持發展仍是解決我國所有問題的關鍵這個重大戰略判斷」。他還指出，「把是否促進經濟社會發展、是否給人民群眾帶來實實在在的獲得感，作為改革成效的評價標準」。這個「評價標準」，實質上就是鄧小平同志提出的「生產力標準」。

　　馬克思主義最重視生產力。而在生產力當中，人是最活躍最積極的因素。中國共產黨在革命和建設的長期實踐中，又把這個基本觀點發展成為具有豐富內涵並貫穿於一切工作當中的有名的「群眾路線」。由此決定了，在中國共產黨的理論和實踐當中，生產力標準和群眾路線從來就不是兩回事，而是緊密聯繫在一起的不可分割的思想武器和工作路線。

　　請看黨的十八大以來各個領域取得的新進展，歸根到底依靠的難道不就是同生產力標準緊密聯繫的群眾路線嗎？一方面，習近平同志反覆強調：「檢驗我們一切工作的成效，最終都要看人民是否真正得到了實惠，人民生活是否真正得到了改善」；另一方面，他又在黨的群眾路線教育實踐活動工作會議上尖銳指出：「形式主義、官僚主義、享樂主義和奢靡之風這「四風」是違背我們黨的性質和宗旨的，是當前群眾深惡痛絕、反映最強烈的問題，也是損害黨群幹群關係的重要根源。」黨的十八大後，我們在全黨開展以為民務實清廉為主要內容的黨的群眾路線教育實踐活動，使得廣大黨員、幹部接受了一次馬克思主義群眾觀點的深刻教育，增強了貫徹黨的群眾路線的自覺性和堅定性，黨的執政基礎更加穩固。與此同時，生產力的創新發展，不斷為經濟社會可持續發展提供新的動能。今天，我們之所以能夠在經濟發展新常態下提出和貫徹創新、協調、綠色、開放、共用的發展

理念，提出和推進供給側結構性改革，破解經濟社會發展中的各種難題，實現穩中求進，歸根到底，靠的就是同生產力標準緊密聯繫的群眾路線。

新階段的群眾路線和「新的群眾」

今天我們講「新階段」，講「新階段的生產力標準」，講「新階段的群眾路線」，有一個更深層次的問題，就是需要搞清楚今天的「群眾」發生了怎樣的歷史性變化。

事實就是這樣：在今天新的歷史條件下，我們黨不僅面對著新的建設和改革的宏大任務，而且面對著「新的時代的群眾」和「新的群眾的時代」。

事實就是這樣：改革開放以來，在中國特色社會主義事業大踏步推進的過程中，伴隨我國現代化事業特別是社會主義市場經濟的發展，中國的社會結構已經發生了極其廣泛而深刻的變化。

首先是我們的階級基礎——中國工人階級的隊伍發生了大變動。知識份子成為工人階級日益重要的一部分，工人階級的知識化快速推進。幾億農民工進入工人階級隊伍，工人階級的隊伍迅速壯大。大批產業工人從國有企業轉移到民營企業，多種所有制經濟的活力競相迸發。一支同社會主義現代化建設相適應的工人階級隊伍正在形成。由此也決定了工人階級隊伍中存在的不同的利益訴求在不斷增加。特別要提到的是，最近中央制定和實施的《新時期產業工人隊伍建設改革方案》，就是針對產業工人隊伍發展的突出問題作出的專門謀劃和部署，這在我們黨和國家歷史上是首次。

　　其次是我們最廣泛的群眾基礎——中國農民階級的隊伍發生的變化更大。在農村土地所有權、承包權、經營權分離而經營權可以流轉的改革進程中，大批新農民在城鄉之間、各大城市之間流動著。農村出現了一批種田大戶和現代農業勞動者，他們已經成為農村和農業先進生產力的代表。至於幾千萬農村貧困人口，他們在黨的精準扶貧政策下邊脫貧邊學習掌握現代農業技術，也將成為農村和農業現代化建設的重要力量。

　　再次是在改革開放中成長起來的包括民營企業家在內的幾億新的社會階層人士也發生了重大變化，他們在中國現代化中的作用將日益突出。特別是隨著電商等新經濟新業態的迅猛發展，大批年輕創業者已經和正在成為新一代現代化建設者。

　　凡此種種，不僅同改革開放前大不相同，同改革開放初期也大不相同，甚至可以說同 5 年前都大不相同。這就是說，我們講群眾路線，必須看到我們今天面對的群眾已經是「新的時代的群眾」。

　　至於 80 後、90 後、00 後的新青年，他們還將創造一個「新的群眾的時代」。今天，他們已經是我們的工業生產大軍、農業生產大軍、科技大軍、教育大軍、文化大軍、創新大軍、網絡大軍中的生力軍。大體再過十幾、二十年，他們將從生力軍變成主力軍。他們不僅朝氣蓬勃，而且獨立意識強、創新精神足，是實現「兩個一百年」奮鬥目標和中華民族偉大復興中國夢的主力軍，代表的是中國的未來。

　　問題就是這樣提到我們面前：面對著「新的時代的群眾」和「新的群眾的時代」，面對著 80 後、90 後、00 後的新青年，我們的群眾觀念是不是也要有所更新呢？我們的群眾工作是不是也要與時俱進呢？答案是肯定無疑的。中國共產黨作為一個久經考驗的能夠自覺引

領最廣大人民群眾與時俱進的馬克思主義執政黨，黨的群眾路線和群
眾工作也一定要在新的實踐中得到發展，一定要形成在新的時代條件
下動員和依靠最廣大人民群眾包括新青年群眾的新眼界、新路數、新
水準、新學問、新體制。

　　一句話，要學會做「新的時代的群眾」和「新的群眾的時代」的
群眾工作，形成新階段的群眾路線。

新階段的群眾路線和「新的裝備」

　　中華民族正處在一個和平崛起的新時代，同時又正處在一個信息
革命日新月異的新時代。互聯網已經成為廣大人民群眾特別是青年群
眾離不開的「新空間」，同時也成為黨堅持和貫徹群眾路線的「新的
裝備」。這是新階段的群眾路線一個不容忽視的重大新特點。

　　互聯網的出現，不僅是科學技術領域的深刻革命，而且體現了人
類文明的新覺醒，標誌著人類文明正進入到一個全新的時代。與此同
時，執政的中國共產黨清醒地認識到，網絡空間存在「天朗氣清、生
態良好」和「烏煙瘴氣、生態惡化」兩種狀況。這就叫作機遇與挑戰
同在。正是針對這種狀況，習近平同志強調推進網信事業發展一定要
堅持「以人民為中心」，也就是要堅持群眾路線。

　　首先，「以人民為中心」六個大字，指明了中國的網信事業不姓
別的，姓的是「人民」。而當前在國際範圍，網信時代究竟是強權稱
霸時代還是以人民為中心的時代，這可是擺在世界面前的一個大是大
非問題。自從互聯網誕生以來，世界各國在這個問題上的基本立場和
基本方針大相徑庭。有的是為了控制世界輿論，有的甚至把互聯網作

為干涉別國內政甚至顛覆別國政權的工具。凡此種種，都從根本上背離了互聯網應有的時代精神。形勢要求我們，一定要以高度自覺建設「以人民為中心」的互聯網，堅持網信事業是人民的大事業、網信時代是人民的大時代。這就是我們中國共產黨人在對待互聯網發展問題上的世界觀。

其次，中國共產黨的「辦網」路線，就是為人民辦好互聯網。中國網信事業的發展，從大處講，是為了抓住機遇、趕上時代，實現中華民族的偉大復興；從細處講，是為了給人民提供用得上、用得起、用得好的信息服務，讓億萬人民在共用互聯網發展成果上有更多獲得感。特別是，習近平同志還滿懷對廣大農村人民的深厚感情，專門強調指出「農村互聯網基礎設施建設是我們的短板」，要求「加快農村互聯網建設步伐，擴大光纖網、寬帶網在農村的有效覆蓋」，表明了中國經由解決農村互聯網短板問題來解決數字鴻溝這一世界性難題的決心。從指導方針到具體要求，事事處處想的都是造福人民。這就是我們中國共產黨人在對待互聯網發展問題上的價值觀。

再次，互聯網是一個社會信息大平臺，也是一個民意大平臺。億萬網民在網上獲得信息、交流信息，這對他們的求知途徑、思維方式和價值觀念，特別是對他們關於國家、關於社會、關於工作、關於人生的看法，都會產生重要影響。而且正如習近平同志所說，網民大多數是普通群眾，來自四面八方，各自經歷不同，觀點和想法肯定是五花八門的，其中也還會有這樣那樣的怨氣怨言、偏頗看法。那麼，怎樣對待這種情況呢？習近平同志明確指出：「網絡空間是億萬民眾共同的精神家園。」「網民來自老百姓，老百姓上了網，民意也就上了網。」因此，他要求各級黨政機關和領導幹部都要善於運用網絡瞭解民意，

學會通過網絡走群眾路線。特別是，他強調對網民的觀點和看法要「多
一些包容和耐心」「為了實現我們的目標，網上網下要形成同心圓」。
這就是我們中國共產黨人的網絡群眾觀。

最後，堅持以人民為中心的「辦網」路線，不僅要為人民，還要
靠人民。無論網絡發展還是網絡治理都要依靠人民，要推動網信事業
從單向管理向雙向互動的治理轉變。習近平同志進一步強調，一要調
動人民群眾的積極性，包括增強互聯網企業的使命感和責任感；二要
接受人民群眾對互聯網的監督。人民的監督和批評，不論是對黨和政
府工作的還是對領導幹部個人的，也不論是和風細雨的還是忠言逆耳
的，不僅要歡迎，還要認真研究和吸取。

新階段群眾路線對中國共產黨自身建設的新要求

中國特色社會主義最本質的特徵，就是中國共產黨的領導。而要
真正強有力地堅持和落實中國共產黨的領導，就必須遵循以習近平同
志為核心的黨中央治國理政新理念新思想新戰略，在中國特色社會主
義的各項事業中真正做到領導最廣大人民群眾共商、共建、共創、共
治、共用。

共商，就是人民內部各方面圍繞改革發展穩定的重大問題和涉
及群眾切身利益的實際問題，在決策之前和決策實施之中開展廣泛協
商，努力形成共識。

共建，就是要領導和依靠最廣大人民群眾攜手建設各族人民和睦
共處的美好家園。

共創，就是大眾創業、萬眾創新，並為此提供良好的政策環境、

制度環境和公共服務體系。

共治，就是要發動和依靠人民群眾把法治和德治結合起來，有效治理國家和社會，有效治理江河湖海和大氣、土壤。同時，黨和政府及其各級領導幹部都要自覺接受人民群眾的監督。

共用，就是要按照人人參與、人人盡力、人人享有的原則，讓全體人民在發展中有更多獲得感。

歸根到底，這「五共」體現的就是「以人民為中心」，體現的就是新階段的群眾路線。

說到這裡還要強調一點，黨的群眾路線離不開黨內生活的民主集中制。黨的十八大以來，全面從嚴治黨的一個根本要求，就是緊密聯繫黨的群眾路線，堅持和發展黨內民主集中制。為此，要積極開展批評和自我批評，同時嚴肅黨的紀律，堅持依法（包括國法和嚴於國法的黨內法規）從嚴治黨，加強黨內監督特別是加強對黨的高級幹部的監督，堅決反對特權思想和特權現象，堅決反對腐敗。這樣堅持做下去，就一定能夠淨化黨內政治生態，在全黨真正形成又有集中又有民主、又有紀律又有自由、又有統一意志又有個人心情舒暢生動活潑的政治局面。

歸結起來，一手抓黨同人民群眾的密切聯繫，一手抓民主集中制，群眾路線和民主集中制雙雙得到突出強調、體現和發展。實際上，群眾路線內在地就包含著民主集中制。所謂「從群眾中來，到群眾中去」，這一來一去，當中一個重要環節就是民主集中制。我們黨這樣一整套的「兩手」經驗，值得永遠堅持和不斷發揚。

放眼世界，在國際共運史上，中國共產黨經過長期革命鬥爭形成的群眾路線，是前無古人的偉大創造。而在當代世界政治史上，中國

共產黨在中國特色社會主義建設事業中堅持的群眾路線，又以其在新
實踐中方興未艾的新發展而日益凸顯出獨特的歷史創造性和優越性。

《人民日報》（2017 年 06 月 27 日　07 版）

深入把握新時代的歷史使命

馮　俊

　　習近平同志在黨的十九大報告中宣告中國特色社會主義進入新時代，明確了新時代中國共產黨的歷史使命，闡發了習近平新時代中國特色社會主義思想的精神實質和豐富內涵，擘畫了全面建設社會主義現代化國家的戰略安排。黨的十九大報告高屋建瓴、繼往開來，是決勝全面建成小康社會、奪取新時代中國特色社會主義偉大勝利、實現中華民族偉大復興中國夢的政治宣言和行動綱領。

中國特色社會主義進入新時代

　　習近平同志指出，經過長期努力，中國特色社會主義進入了新時代。這在中華人民共和國發展史上、中華民族發展史上具有重大意義，在世界社會主義發展史上、人類社會發展史上也具有重大意義。

　　中國特色社會主義進入的新時代，是一個具有諸多歷史特點的新時代。它是承前啟後、繼往開來、在新的歷史條件下繼續奪取中國特色社會主義偉大勝利的時代，是決勝全面建成小康社會、進而全面建設社會主義現代化強國的時代，是全國各族人民團結奮鬥、不斷創造美好生活、逐步實現全體人民共同富裕的時代，是全體中華兒女勠力同心、奮力實現中華民族偉大復興中國夢的時代，是我國日益走近世

界舞臺中央、不斷為人類作出更大貢獻的時代。

　　習近平新時代中國特色社會主義思想深入回答了我們黨在新時代舉什麼旗、走什麼路、以什麼樣的精神狀態、擔負什麼樣的歷史使命、實現什麼樣的奮鬥目標等重大理論和實踐問題。黨的十八大以來，國內外形勢深刻變化和我國各項事業發展都要求我們黨從理論和實踐結合上，系統回答新時代堅持和發展什麼樣的中國特色社會主義、怎樣堅持和發展中國特色社會主義這一重大時代課題。我們黨堅持以馬克思列寧主義、毛澤東思想、鄧小平理論、「三個代表」重要思想、科學發展觀為指導，堅持解放思想、實事求是、與時俱進、求真務實，堅持辯證唯物主義和歷史唯物主義，緊密結合新的時代條件和實踐要求，以全新的視野深化對共產黨執政規律、社會主義建設規律、人類社會發展規律的認識，進行艱辛理論探索，取得重大理論創新成果，形成了習近平新時代中國特色社會主義思想。習近平新時代中國特色社會主義思想，是對馬克思列寧主義、毛澤東思想、鄧小平理論、「三個代表」重要思想、科學發展觀的繼承和發展，是馬克思主義中國化最新成果，是黨和人民實踐經驗和集體智慧的結晶，是中國特色社會主義理論體系的重要組成部分，是全黨全國人民為實現中華民族偉大復興而奮鬥的行動指南。黨的十九大把習近平新時代中國特色社會主義思想確立為黨必須長期堅持的指導思想，實現了黨的指導思想又一次與時俱進，具有重大的政治意義、理論意義、實踐意義。

　　習近平同志指出，中國特色社會主義進入新時代，我國社會主要矛盾已經轉化為人民日益增長的美好生活需要和不平衡不充分的發展之間的矛盾。社會主要矛盾的變化是關係全域的歷史性變化，對黨和國家工作提出了許多新要求。經過近 40 年的改革開放，我國穩定解

決了十幾億人的溫飽問題，總體上實現小康，不久將全面建成小康社會，人民美好生活需要日益廣泛，不僅對物質文化生活提出了更高要求，而且在民主、法治、公平、正義、安全、環境等方面的要求也日益增長。同時，我國社會生產力水準總體上顯著提高，社會生產能力在很多方面進入世界前列。進入新時代，我國社會更加突出的問題是發展不平衡不充分，這已成為滿足人民日益增長的美好生活需要的主要制約因素。我們要在繼續推動發展的基礎上，著力解決好發展不平衡不充分問題，大力提升發展品質和效益，更好滿足人民在經濟、政治、文化、社會、生態等方面日益增長的需要，更好推動人的全面發展、社會全面進步。

新時代中國共產黨的歷史使命

習近平同志指出，中國共產黨人的初心和使命，就是為中國人民謀幸福，為中華民族謀復興。這是激勵我們共產黨人不斷前進的根本動力。黨的十八大以來，以習近平同志為核心的黨中央帶領全黨全軍全國各族人民進行偉大鬥爭、建設偉大工程、推進偉大事業、實現偉大夢想。「四個偉大」緊密聯繫、相互貫通、相互作用，其中起決定性作用的是黨的建設新的偉大工程。推進偉大工程，要結合偉大鬥爭、偉大事業、偉大夢想的實踐來進行。實現偉大夢想，必須進行偉大鬥爭、建設偉大工程、推進偉大事業。

實現偉大夢想，必須進行偉大鬥爭。社會是在矛盾運動中前進的，有矛盾就會有鬥爭。前行的道路並不平坦、不會一帆風順，還有許多困難和問題等著我們去克服、去解決。應對重大挑戰、抵禦重大

風險、克服重大阻力、解決重大矛盾，必須進行具有許多新的歷史特
點的偉大鬥爭。任何貪圖享受、消極懈怠、回避矛盾的思想和行為都
是錯誤的。要敢於鬥爭、善於鬥爭，更加自覺地堅持黨的領導和我國
社會主義制度，堅決反對一切削弱、歪曲、否定黨的領導和我國社會
主義制度的言行；更加自覺地維護人民利益，堅決反對一切損害人民
利益、脫離群眾的行為；更加自覺地投身改革創新時代潮流，堅決破
除一切頑瘴痼疾；更加自覺地維護我國主權、安全、發展利益，堅決
反對一切分裂祖國、破壞民族團結和社會和諧穩定的行為；更加自覺
地防範各種風險，堅決戰勝一切在政治、經濟、文化、社會等領域和
自然界出現的困難和挑戰。

　　實現偉大夢想，必須建設偉大工程。歷史已經並將繼續證明，沒
有中國共產黨的領導，民族復興必然是空想。打鐵必須自身硬。我們
黨要始終成為時代先鋒、民族脊樑，始終成為馬克思主義執政黨，自
身必須始終過硬。辦好中國的事情關鍵在黨，必須堅持黨要管黨、從
嚴治黨。我們要更加自覺地堅定黨性原則，勇於直面問題，敢於刮骨
療毒，消除一切損害黨的先進性和純潔性的因素，清除一切侵蝕黨的
健康肌體的病毒，不斷增強黨的政治領導力、思想引領力、群眾組織
力、社會號召力，確保我們黨永葆旺盛生命力和強大戰鬥力。只有這
樣，才能把黨建設好、建設強，確保黨始終同人民想在一起、幹在一
起，才能引領承載著中國人民偉大夢想的航船破浪前進，勝利駛向光
輝彼岸。

　　實現偉大夢想，必須推進偉大事業。中國特色社會主義是改革開
放以來黨的全部理論和實踐的主題，是黨和人民歷盡千辛萬苦、付出
巨大代價取得的根本成就。中國特色社會主義道路是實現社會主義現

代化、創造人民美好生活的必由之路，中國特色社會主義理論體系是指導黨和人民實現中華民族偉大復興的正確理論，中國特色社會主義制度是當代中國發展進步的根本制度保障，中國特色社會主義文化是激勵全黨全國各族人民奮勇前進的強大精神力量。我們要更加自覺地增強道路自信、理論自信、制度自信、文化自信，既不走封閉僵化的老路，也不走改旗易幟的邪路，保持政治定力，堅持實幹興邦，始終堅持和發展中國特色社會主義。

新時代開啟社會主義現代化新征程

習近平同志指出，從十九大到二十大，是「兩個一百年」奮鬥目標的歷史交匯期。我們既要全面建成小康社會、實現第一個百年奮鬥目標，又要乘勢而上開啟全面建設社會主義現代化國家新征程，向第二個百年奮鬥目標進軍。

黨的十九大報告綜合分析國際國內形勢和我國發展條件，提出分兩個階段在本世紀中葉建成富強民主文明和諧美麗的社會主義現代化強國：從 2020 年到 2035 年為第一個階段，在全面建成小康社會的基礎上，再奮鬥 15 年，基本實現社會主義現代化。到那時，我國經濟實力、科技實力將大幅躍升，躋身創新型國家前列；人民平等參與、平等發展權利得到充分保障，法治國家、法治政府、法治社會基本建成，各方面制度更加完善，國家治理體系和治理能力現代化基本實現；社會文明程度達到新的高度，國家文化軟實力顯著增強，中華文化影響更加廣泛深入；人民生活更為寬裕，中等收入群體比例明顯提高，城鄉區域發展差距和居民生活水準差距顯著縮小，基本公共服務均等

化基本實現，全體人民共同富裕邁出堅實步伐；現代社會治理格局基本形成，社會充滿活力又和諧有序；生態環境根本好轉，美麗中國目標基本實現。從 2035 年到本世紀中葉為第二個階段，在基本實現現代化的基礎上，再奮鬥 15 年，把我國建成富強民主文明和諧美麗的社會主義現代化強國。到那時，我國物質文明、政治文明、精神文明、社會文明、生態文明將全面提升，實現國家治理體系和治理能力現代化，成為綜合國力和國際影響力領先的國家，全體人民共同富裕基本實現，我國人民將享有更加幸福安康的生活，中華民族將以更加昂揚的姿態屹立於世界民族之林。

　　從全面建成小康社會到基本實現現代化，再到全面建成社會主義現代化強國，是新時代中國特色社會主義發展的戰略安排。這一戰略安排是對改革開放以來「三步走」發展戰略和「兩個一百年」奮鬥目標的深化和拓展，既體現咬定青山不放鬆、一張藍圖繪到底的堅定決心，又具有極強的前瞻性、引領性和可操作性。分兩步走在本世紀中葉建成富強民主文明和諧美麗的社會主義現代化強國，與中華民族從站起來、富起來到強起來的歷史邏輯高度契合，符合實現中華民族偉大復興的現實需要，必將為開啟社會主義現代化新征程、奪取新時代中國特色社會主義偉大勝利凝聚起磅礡力量。

《人民日報》（2017 年 11 月 03 日　07 版）

不斷滿足人民日益增長的美好生活需要

何星亮

　　黨的十九大報告指出：中國特色社會主義進入了新時代，我國社會主要矛盾已經轉化為人民日益增長的美好生活需要和不平衡不充分的發展之間的矛盾。社會主要矛盾的變化是關係全域的歷史性變化，要求我們在繼續推動發展的基礎上大力提升發展品質和效益，更好滿足人民日益增長的美好生活需要。

　　如何認識和把握人民日益增長的美好生活需要？從需求性質來看，人類需要大致可劃分為三個層次。第一層次是物質性需要，指的是保暖、飲食、種族繁衍等生存需要，這是人類最基本的需要。第二層次是社會性需要，它是在物質性需要基礎上形成的，主要包括社會安全的需要、社會保障的需要、社會公正的需要等。第三層次是心理性需要，指的是由於心理需求而形成的精神文化需要，比如價值觀、倫理道德、民族精神、理想信念、藝術審美、獲得尊重、自我實現、追求信仰等。

　　改革開放近 40 年來，我國社會生產力水準明顯提高，人民生活顯著改善，穩定解決了十幾億人的溫飽問題。隨著中國特色社會主義進入新時代，人們的物質性需要不斷得到滿足，開始更多追求社會性需要和心理性需要，比如期盼更好的教育、更可靠的社會保障、更高水準的醫療衛生服務、更舒適的居住條件、更優美的環境、更豐富的精

神文化生活等等。這既是我國社會生產力水準顯著提高的必然結果，又對我國未來經濟社會發展提出了更高要求。我們要在繼續推動發展的基礎上，著力解決好發展不平衡不充分問題，更好滿足人民日益增長的美好生活需要，更好推動人的全面發展、社會全面進步。

要把不斷滿足人民日益增長的美好生活需要貫穿於實現「兩個一百年」奮鬥目標和實現中華民族偉大復興的中國夢之中。為中國人民謀幸福、為中華民族謀復興是中國共產黨人的初心和使命。正如習近平同志在黨的十九大報告中強調的，全黨同志一定要永遠與人民同呼吸、共命運、心連心，永遠把人民對美好生活的嚮往作為奮鬥目標。在中國特色社會主義新時代，應通過統籌推進「五位一體」總體佈局和協調推進「四個全面」戰略佈局，通過創新發展、協調發展、綠色發展、開放發展和共用發展，大力提升發展品質，不斷消除地區差距、收入差距、城鄉差距，更好滿足廣大人民群眾在經濟、政治、文化、社會、生態等方面日益增長的需要，逐步實現共同富裕。具體而言，應生產更多綠色、健康的食品；提供更多清潔、安全、高效的能源；進一步完善社會保障制度，讓所有人的基本生活都能得到保障；加大收入分配改革力度，不斷縮小收入差距；完善基層民主制度，保障人民知情權、參與權、表達權、監督權；培育和踐行社會主義核心價值觀，繼承中華民族精神，弘揚誠信、仁愛、友愛的品德；等等。

全面建成小康社會、全面建設社會主義現代化國家，既要立足國內，也要面向世界。當代世界是開放、互動、包容的世界，當今中國正在日益走近世界舞臺中央。共同構建各國人民共有共用的人類命運共同體，建設持久和平、普遍安全、共同繁榮、開放包容、清潔美麗的世界，既是中國人民的需要，也是世界各國人民的需要。因此，我們

在滿足本國人民的美好生活需要的同時，也應順應世界各國人民追求
美好生活的需要，通過自身的高品質發展和現代化強國建設，給那些
既希望加快發展又希望保持自身獨立性的發展中國家提供現代化新途
徑和新選擇，為人類社會的文明進步貢獻中國智慧和中國方案。

《人民日報》（2017 年 11 月 14 日　07 版）

肩負好新時代黨的歷史使命

楊宜勇

　　實現中華民族偉大復興是近代以來中華民族最偉大的夢想。中國共產黨自成立之日起，就義無反顧地肩負起實現中華民族偉大復興的歷史使命。習近平同志在黨的十九大報告中指出，實現這一偉大夢想，必須進行偉大鬥爭、必須建設偉大工程、必須推進偉大事業。偉大鬥爭、偉大工程、偉大事業、偉大夢想彰顯新時代中國共產黨人的使命擔當。只有貫通理解、協同推進偉大鬥爭、偉大工程、偉大事業、偉大夢想，才能肩負好新時代黨的歷史使命。

偉大鬥爭掃清前行障礙

　　發展中國特色社會主義是一項長期而艱巨的歷史任務，必須進行具有許多新的歷史特點的偉大鬥爭。黨的十八大以來，習近平同志反復強調，「我們正在進行具有許多新的歷史特點的偉大鬥爭，面臨的挑戰和困難前所未有」。從黨的十九大到二十大，是「兩個一百年」奮鬥目標的歷史交匯期，我們既要全面建成小康社會、實現第一個百年奮鬥目標，又要乘勢而上開啟全面建設社會主義現代化國家新征程，向第二個百年奮鬥目標進軍。任務艱巨而光榮，唯有不懈進行具有許多新的歷史特點的偉大鬥爭，方能取得最終勝利。

　　近百年來，我們黨帶領廣大人民經歷艱苦卓絕的偉大鬥爭，初步實現了國家富強和人民富裕。經過長期努力，中國特色社會主義進入了新時代，這是我國發展新的歷史方位。但必須認識到，發展中國特色社會主義是一項長期的、艱巨的歷史任務，這一過程不可能風平浪靜、一帆風順。正如習近平同志指出的，中華民族偉大復興，絕不是輕輕鬆鬆、敲鑼打鼓就能實現的。在發展過程中，我們既面臨大量的新情況新問題，又面臨長期努力解決但還沒有解決好的老問題。

　　面對新形勢新挑戰，習近平同志指出，我們黨要團結帶領人民有效應對重大挑戰、抵禦重大風險、克服重大阻力、解決重大矛盾，必須進行具有許多新的歷史特點的偉大鬥爭；要充分認識這場偉大鬥爭的長期性、複雜性、艱巨性，發揚鬥爭精神，提高鬥爭本領。這就要求我們更加自覺地堅持黨的領導和我國社會主義制度，堅決反對一切削弱、歪曲、否定黨的領導和我國社會主義制度的言行；更加自覺地維護人民利益，堅決反對一切損害人民利益、脫離群眾的行為；更加自覺地投身改革創新時代潮流，堅決破除一切頑瘴痼疾；更加自覺地維護我國主權、安全、發展利益，堅決反對一切分裂祖國、破壞民族團結和社會和諧穩定的行為；更加自覺地防範各種風險，堅決戰勝一切在政治、經濟、文化、社會等領域和自然界出現的困難和挑戰。只有發揚鬥爭精神、提高鬥爭本領，才能不斷奪取偉大鬥爭新勝利，才能開拓通向實現偉大夢想的前行道路，團結帶領人民為創造美好未來而攻堅克難、披荊斬棘，實現「兩個一百年」奮鬥目標和中華民族偉大復興的中國夢。

偉大工程鍛造堅強領導核心

　　中國特色社會主義最本質的特徵是中國共產黨領導，中國特色社會主義制度的最大優勢是中國共產黨領導。歷史一再證明，在我國這樣一個大國，除了中國共產黨，沒有任何一個政治組織能夠把全國 56 個民族、十幾億人的力量緊緊凝聚起來。96 年來，為了實現中華民族偉大復興的歷史使命，無論是弱小還是強大，無論是順境還是逆境，我們黨都初心不改、矢志不渝，團結帶領人民歷經千難萬險、付出巨大犧牲，敢於面對曲折，勇於修正錯誤，攻克了一個又一個看似不可攻克的難關，創造了一個又一個彪炳史冊的人間奇跡。在改革開放近 40 年來持續發展的基礎上，黨的十八大以來黨和國家事業取得歷史性成就、發生歷史性變革，中國特色社會主義進入了新時代。

　　中國特色社會主義進入新時代，我們黨要團結帶領人民進行偉大鬥爭、推進偉大事業、實現偉大夢想，就必須堅持以改革創新精神全面推進黨的建設新的偉大工程，把黨建設得更加堅強有力。黨的十八大以來，以習近平同志為核心的黨中央全面加強黨的領導和黨的建設，堅決改變管黨治黨寬鬆軟狀況，全面推進從嚴治黨成效顯著。堅持反腐敗無禁區、全覆蓋、零容忍，不敢腐的目標初步實現、不能腐的籠子越紮越牢、不想腐的堤壩正在構築，反腐敗鬥爭壓倒性態勢已經形成並日益鞏固。但要看到，黨的建設方面還存在一些薄弱環節，我們黨面臨長期而複雜的執政考驗、改革開放考驗、市場經濟考驗、外部環境考驗，面臨尖銳而嚴峻的精神懈怠危險、能力不足危險、脫離群眾危險、消極腐敗危險。要更好肩負新時代的歷史使命，必須以更大的決心、更大的勇氣、更大的氣力抓緊抓好管黨治黨，全面推進

黨的建設新的偉大工程。

推進偉大工程，必須結合偉大鬥爭、偉大事業、偉大夢想的實踐來進行。為了確保黨在世界形勢深刻變化的歷史進程中始終走在時代前列，在應對國內外各種風險和考驗的歷史進程中始終成為全國人民的主心骨，在堅持和發展中國特色社會主義的歷史進程中始終成為堅強領導核心，全黨要更加自覺地堅定黨性原則，勇於直面問題，敢於刮骨療毒，消除一切損害黨的先進性和純潔性的因素，清除一切侵蝕黨的健康肌體的病毒，不斷增強黨的政治領導力、思想引領力、群眾組織力、社會號召力，確保我們黨永葆旺盛生命力和強大戰鬥力。

偉大事業宣示旗幟道路

中國特色社會主義既是我們必須不斷推進的偉大事業，又是我們開闢未來的根本保證。改革開放之初，我們黨發出了走自己的路、建設中國特色社會主義的偉大號召。從那時以來，我們黨團結帶領全國各族人民不懈奮鬥，推動我國經濟實力、科技實力、國防實力、綜合國力進入世界前列，推動我國國際地位實現前所未有的提升，黨的面貌、國家的面貌、人民的面貌、軍隊的面貌、中華民族的面貌發生了前所未有的變化，中華民族正以嶄新姿態屹立於世界的東方。特別是近 5 年來，以習近平同志為核心的黨中央牢牢把握中國特色社會主義這個主題、科學把握當今世界和當代中國的發展大勢，順應實踐要求和人民願望，提出一系列新理念新思想新戰略，出臺一系列重大方針政策，推出一系列重大舉措，推進一系列重大工作，解決了許多長期想解決而沒有解決的難題，辦成了許多過去想辦而沒有辦成的大事，

推動黨和國家事業發生歷史性變革，推動中國特色社會主義進入了新時代。正如習近平同志指出的，中國特色社會主義進入新時代，意味著近代以來久經磨難的中華民族迎來了從站起來、富起來到強起來的偉大飛躍，迎來了實現中華民族偉大復興的光明前景；意味著科學社會主義在 21 世紀的中國煥發出強大生機活力，在世界上高高舉起了中國特色社會主義偉大旗幟；意味著中國特色社會主義道路、理論、制度、文化不斷發展，拓展了發展中國家走向現代化的途徑，給世界上那些既希望加快發展又希望保持自身獨立性的國家和民族提供了全新選擇，為解決人類問題貢獻了中國智慧和中國方案。在中國特色社會主義新時代，我們黨確立了分兩步走全面建設社會主義現代化國家的新目標，對動員全黨全國各族人民萬眾一心實現中華民族偉大復興的中國夢具有重大意義。

偉大事業宣示旗幟道路。站在新的歷史方位上，我們必須深刻認識到，中國特色社會主義是改革開放以來黨的全部理論和實踐的主題，是黨和人民歷盡千辛萬苦、付出巨大代價取得的根本成就。中國特色社會主義道路是實現社會主義現代化、創造人民美好生活的必由之路，中國特色社會主義理論體系是指導黨和人民實現中華民族偉大復興的正確理論，中國特色社會主義制度是當代中國發展進步的根本制度保障，中國特色社會主義文化是激勵全黨全國各族人民奮勇前進的強大精神力量。進行偉大鬥爭、建設偉大工程、推進偉大事業、實現偉大夢想，必須堅定道路自信、理論自信、制度自信、文化自信，始終高舉中國特色社會主義偉大旗幟。

偉大夢想彰顯初心使命

　　習近平同志指出，不忘初心，方得始終。中國共產黨人的初心和使命，就是為中國人民謀幸福，為中華民族謀復興。這個初心和使命，是激勵中國共產黨人不斷前進的根本動力，也是人民和歷史選擇中國共產黨的根本原因。正因為始終堅持把實現中華民族偉大復興作為歷史使命，我們黨才能團結和帶領全國人民共同奮鬥，取得革命、建設、改革的偉大勝利。

　　經過 96 年的持續奮鬥，今天，我們比歷史上任何時期都更接近、更有信心和能力實現中華民族偉大復興的目標。面對浩浩蕩蕩的時代潮流，面對人民群眾過上更好生活的殷切期待，我們不能有絲毫自滿，不能有絲毫懈怠，必須再接再厲、一往無前，繼續把中國特色社會主義事業推向前進，繼續為實現中華民族偉大復興的中國夢而努力奮鬥。實現中國夢必須走中國道路，這就是中國特色社會主義道路。實現中國夢必須弘揚中國精神，這就是以愛國主義為核心的民族精神和以改革創新為核心的時代精神。實現中國夢必須凝聚中國力量，這就是中國各族人民大團結的力量。實現中華民族偉大復興的中國夢，就是要實現國家富強、民族振興、人民幸福，必須緊緊依靠人民來實現，必須不斷為人民造福。因此，必須永遠把人民對美好生活的嚮往作為奮鬥目標，隨時隨刻傾聽人民呼聲、回應人民期待，使發展成果更多更公平惠及全體人民，朝著共同富裕方向穩步前進。應堅持人民主體地位、尊重人民首創精神，廣泛動員和組織人民投身到實現全面建成小康社會、全面建設社會主義現代化國家、實現中華民族偉大復興中國夢的歷史潮流中，彙聚實幹興邦的強大正能量。

進行偉大鬥爭、建設偉大工程、推進偉大事業，共同托起中華民族偉大復興的中國夢，確保我們肩負好新時代黨的歷史使命，以永不懈怠的精神狀態和一往無前的奮鬥姿態，繼續朝著實現中華民族偉大復興的宏偉目標奮勇前進。

《人民日報》（2017 年 11 月 15 日　08 版）

「三個蓬勃生機」彰顯黨取得的偉大勝利

楊鳳城

習近平同志在慶祝中國共產黨成立 95 周年大會上深刻指出，中國共產黨領導中國人民取得的偉大勝利，讓中華文明在現代化進程中煥發出新的蓬勃生機，讓科學社會主義在 21 世紀煥發出新的蓬勃生機，使中華民族煥發出新的蓬勃生機。回望歷史、審視現實，習近平同志提出的「三個蓬勃生機」深刻揭示了中國共產黨對中華文明發展、對科學社會主義發展、對中華民族發展所作出的巨大歷史貢獻，進一步增強了全黨和全國各族人民開拓前進的勇氣和力量。

中華文明因為中國共產黨而煥發出新的蓬勃生機

習近平同志指出，中國共產黨領導中國人民取得的偉大勝利，使具有 5000 多年文明歷史的中華民族全面邁向現代化，讓中華文明在現代化進程中煥發出新的蓬勃生機。這從深遠的歷史視野闡述了我們黨領導中國人民所進行的奮鬥對中華文明發展的重大意義。

歷史悠久的中華文明曾經輝煌燦爛，是世界四大古代文明之一，在人類歷史的「軸心時代」就迸發出耀眼光芒，締造過一系列盛世，一度達到世界農業文明之巔。然而，近代以來中華文明衰落了，在工業文明席捲世界的第一波浪潮中沒有成為弄潮兒。面對世界發展浩浩

蕩蕩的潮流、面對內外交困的危局，中華文明亟須現代化。為了中華
文明的浴火重生，無數中國人殫精竭慮、求索不已。「科學救國」「工
業救國」「教育救國」等方案紛至遝來；君主立憲與民主共和，你方
唱罷我登場；「全盤西化」「打倒孔家店」，眾說紛紜、莫衷一是。
但各種救國方案最終都沒有成功。歷史證明，中華文明現代化既不是
割斷歷史的文明再造，也不是「中學為體、西學為用」的文明修補，
而是在繼承與創新的辯證統一中實現文明復興。比如，經過數千年
積澱而形成的以愛國主義為核心的民族精神，講仁愛、重民本、守誠
信、崇正義、尚和合、求大同的中華優秀傳統文化，都是中華文明的
精華，不應該也不可能丟棄。但科學技術、現代工業必須發展，以民
主與法治為核心的現代政治文明必須學習，自由、平等等現代價值理
念必須樹立。中國共產黨成立後，堅持立足中國國情，以馬克思主義
為思想武器，開啟了波瀾壯闊的中華文明復興征程。

　　1949 年新中國的成立，徹底掃除了阻礙中華文明復興的最大障礙
──帝國主義、官僚資本主義和封建勢力；社會主義制度在中國的確
立，為中華文明復興奠定了根本政治前提和制度基礎；改革開放和中
國特色社會主義的開創與發展，推動中華民族的現代化事業進入快車
道，中華文明煥發出新的蓬勃生機。這既表現在物質文明方面，也表
現在精神文明方面。就物質文明而言，中國不僅經濟總量已經位居世
界第二，而且正在新型工業化道路上前進，即在節約能源資源、保護
生態環境中尋求人與自然和諧發展、經濟與社會協調發展；中國不僅
有了比較發達的工業體系和完整的國民經濟體系，而且在航空航天、
生物科技、高速鐵路等領域處於世界領先地位。就精神文明而言，中
華優秀傳統文化、革命文化和社會主義先進文化成為中華民族的精

神標識。中華優秀傳統文化正在實現創造性轉化和創新性發展，表現出永不褪色的價值；中國共產黨在長期革命中形成的井岡山精神、長征精神、延安精神、西柏坡精神等已經成為中華民族的紅色基因；自由、平等、公正、法治等現代價值理念成為社會主義核心價值觀的重要組成部分；以愛國主義為核心的民族精神和以改革創新為核心的時代精神激勵著中國人民攻堅克難、勇往直前。此外，從政治文明視角看，中華文明也煥發出新的蓬勃生機。以人民代表大會制度、中國共產黨領導的多黨合作和政治協商制度、民族區域自治制度和基層群眾自治制度為主要架構的中國特色社會主義政治制度不斷完善，全面依法治國、建設法治中國深入推進，有力推動著國家治理體系和治理能力現代化，並顯示出獨特的制度優越性。

科學社會主義因為中國共產黨而煥發出新的蓬勃生機

　　習近平同志指出，中國共產黨領導中國人民取得的偉大勝利，使具有 500 年歷史的社會主義主張在世界上人口最多的國家成功開闢出具有高度現實性和可行性的正確道路，讓科學社會主義在 21 世紀煥發出新的蓬勃生機。歷史的發展充分證明，中國共產黨之所以能完成近代以來其他各種政治力量不可能完成的艱巨任務，是因為有了科學社會主義；科學社會主義之所以能在 21 世紀煥發出新的蓬勃生機，是因為有了中國共產黨。

　　具有 500 年歷史的社會主義主張是從資本主義發源地歐洲興起的。資本主義甫一出世，空想社會主義就產生了。因為資本主義在帶來巨大物質財富的同時，也帶來了階級剝削和兩極分化等弊端，空想社會

主義就是力圖用更理想的社會制度取代資本主義制度。到 19 世紀中
葉，科學社會主義誕生了。再到 1917 年，俄國爆發了十月革命，社會
主義由理論變成了現實。第二次世界大戰後，世界上建立起一系列社
會主義國家，形成了強大的社會主義陣營。但與資本主義相比，社會
主義實踐的歷史並不長。作為一種全新的社會制度，社會主義制度的
完善要經歷一個長期的過程，中間發生波折是不可避免的。20 世紀 80
年代末 90 年代初的蘇東劇變，使社會主義遭受嚴重挫折。從人類歷史
的漫漫長河看，這種挫折只是文明浩蕩向前的一朵浪花、一次回流、
一個插曲而已。歷史不會因此終結，人類探索理想社會制度的腳步也
不會因此停歇。今天，中國特色社會主義正使科學社會主義在 21 世紀
煥發出新的蓬勃生機。

　　改革開放 30 多年，中國創造的發展奇跡震驚了全球，中國特色社
會主義令世界對科學社會主義的生命力刮目相看。中國為什麼能使科
學社會主義在 21 世紀煥發出新的蓬勃生機？主要原因有兩個方面：一
方面，中國特色社會主義賦予科學社會主義鮮明的時代性。社會主義
必須隨著時代發展而自我調整、自我革新、自我完善。從馬克思、恩
格斯闡述科學社會主義原理到現在，人類生產方式、生活方式、交往
方式等都發生了巨大變化。因此，社會主義的具體模式不應該也不可
能固守馬克思主義經典作家的設想，不能固守蘇聯模式，而必須跟上
時代前進的步伐。中國共產黨正是在深刻洞察時代變化、準確把握時
代特徵的基礎上，不拘泥於對社會主義的傳統理解，不拘泥於傳統社
會主義模式，對單一公有制、指令性計劃經濟體制、單一分配制度等
進行大膽改革，開創和發展了中國特色社會主義，使具有 500 年歷史
的社會主義主張在世界人口最多的國家成功開闢出具有高度現實性和

可行性的正確道路。另一方面，中國特色社會主義賦予科學社會主義鮮明的民族性。科學社會主義的基本原則具有普遍性，但其實現途徑與具體表現形式不可能千篇一律，還需要考慮和適應不同國家的特點尤其是歷史與文化特點。離開具體國情，不注重民族性，社會主義就容易成為浮萍。中國特色社會主義正是植根於 5000 年中華文明沃土、立足中國國情，才為人類探索更美好的社會制度提供了中國方案，也讓科學社會主義在 21 世紀煥發出新的蓬勃生機。

中華民族因為中國共產黨而煥發出新的蓬勃生機

習近平同志指出，中國共產黨領導中國人民取得的偉大勝利，使具有 60 多年歷史的新中國建設取得舉世矚目的成就，中國這個世界上最大的發展中國家在短短 30 多年裡擺脫貧困並躍升為世界第二大經濟體，徹底擺脫被開除球籍的危險，創造了人類社會發展史上驚天動地的發展奇跡，使中華民族煥發出新的蓬勃生機。中國共產黨是中國工人階級的先鋒隊，同時是中國人民和中華民族的先鋒隊。使中華民族煥發出新的蓬勃生機、實現中華民族的偉大復興，始終是中國共產黨不懈奮鬥的目標。

鴉片戰爭後，中國逐步淪為半殖民地半封建社會，中華民族一步步陷入苦難的深淵。汪洋大海般自給自足的小農經濟，設備落後、產能低下且不成體系的近代工業；反抗列強侵略戰爭的屢屢敗北和民國建立以後連綿不斷的內戰；政治專制、吏治腐敗、軍閥割據帶來的苦難……所有這一切，常令富有救國救民情懷的先進人士心焦如焚「淚滿襟」，一代又一代中國人不斷叩問中華民族還能不能自立於世界民

族之林、中國會不會被開除球籍。正是在這樣的叩問中，中國共產黨
誕生了。新中國的成立標誌著一個舊時代的結束、一個新時代的開始，
中華民族復興的大門由此完全打開了。「歷史從不等待一切猶豫者、
觀望者、懈怠者、軟弱者。」如何奮起直追、迎頭趕上，在較短時期內
實現國強民富？這一課題歷史地擺在了中國共產黨面前。經過新中國
成立後 30 年的努力，中國從一輛汽車、一架飛機、一輛坦克、一輛拖
拉機都不能造，變為不但能夠製造它們，而且在國防高科技領域取得
以「兩彈一星」為代表的一系列尖端成果。更重要的是，中國建立起
比較完整的工業體系和國民經濟體系，這對於後來中國在不斷擴大對
外開放的同時始終堅持獨立自主具有重要意義。黨的十一屆三中全會
後，中國開啟了改革開放的歷史新篇章，創造了發展的奇跡。中國共
產黨帶領全國人民首先解決溫飽、接著奔向小康，之後又行進在全面
建成小康社會的征程上。目前，中國正在由中等收入國家向高收入國
家邁進，迎來中華民族偉大復興的曙光，徹底擺脫了近代以來揮之不
去的被開除球籍的夢魘。

　　古老的中華民族煥發出新的蓬勃生機，這一生機源自改革開放，
源自中國特色社會主義。改革開放是決定當代中國命運的關鍵抉擇，
是中國共產黨在新時期最鮮明的旗幟。我們黨正是在改革開放的偉大
征程上，開創和發展了中國特色社會主義。今天，我們要實現中華民
族偉大復興的中國夢，關鍵就在於堅持中國特色社會主義道路自信、
理論自信、制度自信、文化自信，堅持黨的基本路線不動搖，不斷把
中國特色社會主義偉大事業推向前進，繼續讓中華民族在復興之路上
煥發出蓬勃生機。

《人民日報》（2016 年 08 月 04 日　07 版）

第四章

勇於自我革命，從嚴管黨治黨，是中國共產黨最鮮明的品格

推進全面從嚴治黨向縱深發展

李錦斌

習近平同志在省部級主要領導幹部學習貫徹黨的十八屆六中全會精神專題研討班開班式上的重要講話高屋建瓴、思想深邃，具有重大理論和現實意義，具有極強的政治性、思想性、指導性、針對性，是新形勢下加強黨的建設的綱領性文獻。我們要認真學習領會、堅決貫徹落實，以擔當盡責為本，以幹事創業為要，以造福一方為榮，堅持講政治、守規矩、重監督、嚴自律、作表率，不斷把全面從嚴治黨引向深入。

旗幟鮮明講政治，堅決維護以習近平同志為核心的黨中央權威

習近平同志強調：講政治，是我們黨補鈣壯骨、強身健體的根本

保證，是我們黨培養自我革命勇氣、增強自我淨化能力、提高排毒殺菌政治免疫力的根本途徑。強調講政治，是習近平同志重要講話最鮮明、最突出的特徵。講政治，必須增強「四個意識」，把政治紀律和政治規矩放在首位，不斷提高政治能力，最重要的是堅決維護以習近平同志為核心的黨中央權威，堅決維護習近平總書記這個核心。

學習貫徹習近平同志重要講話精神，旗幟鮮明講政治，一要在思想上對標對表。思想認識強一分，行動自覺就會進一步。2016 年 4 月習近平同志在安徽調研時，要求安徽把發展著力點轉到創新、協調、綠色、開放、共用發展上來。我們深入貫徹落實，制定《安徽省五大發展行動計畫》，並以此為抓手推動經濟社會持續健康發展。二要在行動上緊跟緊隨。在行動上緊跟緊隨，必須始終把中央決策部署作為開展工作的前提和依據。習近平同志在安徽調研時指出，安徽實施創新驅動、產業升級有優勢，要下好創新「先手棋」。我們深刻領會、認真落實，加快推進全面創新改革試驗和合蕪蚌國家自主創新示範區建設，會同中國科學院積極創建國家量子信息實驗室，並將其作為科技創新「一號工程」。今年 1 月，國家批准安徽建設「合肥綜合性國家科學中心」，這是繼上海之後的全國第二家。我們將在科學設計的基礎上全面系統部署，確保高起點開局起步。三要在執行上堅定堅決。執行上堅定堅決，就是在執行時不講條件、不打折扣、不搞變通。習近平同志在安徽調研時強調，要精準識別、精準施策、精準幫扶、精準脫貧。我們聚焦「精準」，堅持「六看六確保」和「四個嚴」基本要求，深入推進「脫貧攻堅十大工程」，並率先在全國設定貧困人口醫療費用兜底保障線。今年，我們將在此基礎上出臺貧困戶慢性病門診醫療救助政策，有效解決因病致貧返貧問題。四要在落實上落地生

根。我們認真學習貫徹習近平同志在十八屆中央紀委七次全會、中央政治局民主生活會上的重要講話精神，深入開展「講看齊、見行動」專題學習討論，引導全省上下做到「五個純粹」，即向習近平同志看齊必須純粹、對黨忠誠必須純粹、貫徹落實中央決策部署必須純粹、為黨和人民事業擔當必須純粹、做黨和人民放心的好幹部必須純粹，努力建成讓黨中央絕對放心的美好安徽。

堅定不移守規矩，加強和規範黨內政治生活

習近平同志強調，新形勢下加強和規範黨內政治生活，要著力增強黨內政治生活的政治性、時代性、原則性、戰鬥性。學習貫徹習近平同志重要講話精神，關鍵是以《關於新形勢下黨內政治生活的若干準則》為準繩，讓黨的紀律和規矩立起來、嚴起來、執行起來。

以增強政治性、時代性、原則性、戰鬥性為基礎加強和規範黨內政治生活，一要嚴格遵守政治紀律和政治規矩，始終把黨的政治紀律挺在前面。去年，安徽嚴肅查處領導幹部違反政治紀律案件 228 件，處理 240 人。特別是針對巡視發現的問題，在省直機關、高等院校開展了管黨治黨「寬鬆軟」專項治理。二要嚴格落實組織生活制度，讓黨內政治生活的「爐火」燒得更旺。今年民主生活會前，安徽省委主要負責同志對 8 名副省級幹部進行提醒談話並進行批評，會上 12 位常委針對各方面提出 195 個問題，互相提出批評意見 64 條，確確實實達到了「紅臉出汗」的效果。三要嚴格貫徹民主集中制，完善黨委議事規則和決策機制，堅持按原則、按程序辦事。凡出臺重要文件、作出重大決策，我們都堅持進度服從品質，該有的環節一個都不能少，堅

決做到科學、民主、依法決策。四要大力加強政治文化建設。安徽擁有包公文化、桐城文化、徽文化，擁有大別山精神、新四軍精神和大包乾精神。我們要大力傳承、深入挖掘這些寶貴精神財富，培育和弘揚忠誠老實、光明坦蕩、公道正派、實事求是、艱苦奮鬥、清正廉潔等價值觀，增強文化自信，以良好的政治文化涵養政治生態。

堅持不懈重監督，以刀刃向內、自我革命的勇氣革故鼎新、守正出新

習近平同志的重要講話從黨必須勇於自我革命的角度對加強黨內監督提出新的要求，強調「勇於自我革命，是我們黨最鮮明的品格，也是我們黨最大的優勢」。我們要牢記「信任不能代替監督」，認真貫徹執行《中國共產黨黨內監督條例》，使監督之網覆蓋黨的建設各方面，不斷增強自我淨化、自我完善、自我革新、自我提高能力。

以提升自我淨化、自我完善、自我革新、自我提高能力為目標加強黨內監督，一要把監督的籠子織得更密。認真對照習近平同志指出的制度籠子紮得還不夠密，甚至還有籠子門沒關的問題，推進重點領域、重點環節、重點崗位以及「三重一大」等事項的廉政風險防控，完善領導班子議事制度、述責述廉制度，建立幹部選拔任用問責制度、領導幹部插手重大事項記錄制度，努力把黨內監督體現在時時處處。二要把監督重點抓得更准。以領導機關和領導幹部為重點，多設一些「探頭」，尤其要在「慎獨」「慎微」上多下功夫，加強對私底下、無人時、細微處的監督，形成「八小時之內」與「八小時之外」全覆蓋的監督鏈條。三要把監督合力聚得更強。強化自上而下組織監督，

改進自下而上民主監督，充分發揮同級相互監督作用，形成全方位監督體系。從實際看，紀委函詢的效果好。在今年安徽省委常委會民主生活會上，有關同志就中央紀委函詢事項作出詳細說明並深化認識，有的同志連寫了幾頁紙，充分發揮了紀委函詢的「清醒劑」和「預防針」作用。

以上率下作表率，保持政治定力、紀律定力、道德定力、抵腐定力

習近平同志強調，領導幹部特別是高級幹部必須加強自律、慎獨慎微，經常對照黨章檢查自己的言行，加強黨性修養，陶冶道德情操，永葆共產黨人政治本色。他還強調，領導幹部嚴格自律，要注重自覺同特權思想和特權現象作鬥爭，注重在選人用人上把好方向、守住原則，注重防範被利益集團「圍獵」，注重自覺主動接受監督。這「四個注重」，是對領導幹部提出的基本政治要求。

貫徹落實習近平同志重要講話精神，我們要堅持在4個字上著力。一是在「慎」字上著力。經常對照黨章檢視自己，保持如履薄冰、如臨深淵的警覺，始終做到不放縱、不越軌、不逾矩。二是在「嚴」字上著力。管黨治黨各個方面務必從嚴，特別是在堅持選人用人導向上要實行領導班子和領導幹部基礎信息檔案、運行情況備案、調整配備預案「三案」精準管理，真正把組織放心、黨員服氣、群眾認可的幹部選用起來。三是在「廉」字上著力。模範遵守廉潔自律規定，認真執行各級權責清單、公共服務清單、仲介服務清單等制度規範，自覺同特權思想和特權現象作鬥爭，構築廉潔從政的堅強防護網。四是在

「領」字上著力。「一把手」必須全面履行從嚴治黨的主體責任，同時把紀律挺在前面，用好監督執紀「四種形態」；凡是要求黨員、幹部做到的自己必須首先做到，凡是要求黨員、幹部不做的自己必須首先不做。同時監管不能「走過場」，批評不能「不痛不癢」，自律不能「掛空擋」，努力把從嚴治黨「責任田」種成「示範田」。

敢於擔當扛責任，以責任落實推動工作落實

對於貫徹落實《關於新形勢下黨內政治生活的若干準則》和《中國共產黨黨內監督條例》，習近平同志要求各級黨委和領導幹部要擔負起政治責任和領導責任。我們要強化政治擔當，層層傳導壓力，自覺做到知責、明責、壓責、問責。

擔負起政治責任和領導責任，一要知責，強化責任意識。始終把抓好黨建作為最大政績，認真履行黨委主體責任、黨組織「一把手」第一責任人責任、紀委監督責任、領導班子成員「一崗雙責」。二要明責，強化責任分解。完善黨風廉政建設黨委主體責任的意見以及約談、述廉述責、責任考核、責任追究等「四個辦法」，嚴格執行黨風廉政建設「兩個責任」清單制度和落實主體責任全程記實制度，進一步推動責任落實落細。三要壓責，強化責任傳導。健全全面從嚴治黨情況報告和檢查制度，堅持市縣鄉抓基層黨建工作年度述職評議考核制度，繼續把履行主體責任情況列為幹部考核、約談、述責述廉的重要內容，進一步擰緊責任螺絲、完善責任鏈條。四要問責，強化責任追究。深入貫徹《中國共產黨問責條例》及安徽省實施辦法，對管黨治黨突出問題實行「一案雙查」和責任倒查，以「不落實之事」倒查

追究「不落實之人」，做到有責必問、失責必究、追責必嚴，推動管黨治黨不斷走向「嚴緊硬」，以更加優異的成績迎接黨的十九大勝利召開。

《人民日報》（2017 年 02 月 28 日　07 版）

毫不動搖推進黨的建設新的偉大工程

李景田

習近平同志在「7‧26」重要講話中指出，黨的十八大以來的 5 年，是黨和國家發展進程中很不平凡的 5 年。這種很不平凡，在黨的建設方面有著鮮明體現。黨的十八大以來，以習近平同志為核心的黨中央帶領全黨推進全面從嚴治黨，開闢了管黨治黨新境界，取得了黨的建設新成就。5 年來，全面從嚴治黨的豐富實踐，給我們提供了多方面深刻啟示。認真總結這些成就和啟示，對於認識和把握黨的建設規律，推進黨建理論和實踐創新，開創全面從嚴治黨新局面，具有十分重要的意義。

全面從嚴治黨的豐富實踐和卓著成就

黨的十八大以來，習近平同志圍繞全面從嚴治黨這個主題，創造性地提出一系列新思想新觀點新論斷，深刻回答了新的歷史條件下「建設一個什麼樣的黨、怎樣建設黨」這一黨的建設根本問題，為堅持黨的領導、推進全面從嚴治黨提供了根本遵循和科學指導。各級黨組織深入學習貫徹習近平同志系列重要講話精神特別是關於黨的建設的重要論述，全面落實管黨治黨責任，形成一級抓一級、層層抓落實的黨建工作新格局，取得豐碩的理論成果、實踐成果、制度成果。

　　堅持治國必先治黨、治黨務必從嚴，將全面從嚴治黨納入「四個全面」戰略佈局，黨的建設在國家治理中的關鍵地位更加明確。黨的十八大以來，以習近平同志為核心的黨中央提出「四個全面」戰略佈局，其中全面從嚴治黨是推進「四個全面」戰略佈局的關鍵。把全面從嚴治黨納入「四個全面」戰略佈局，上升到治國理政重大戰略的高度，進一步明確黨的建設在實現戰略目標、推動各項事業發展中的關鍵地位，體現了治黨與治國的有機統一。這是對馬克思主義政黨建設規律的科學運用，是我們黨治黨方略新的提升。在「四個全面」戰略佈局的指引下，全面從嚴治黨在各個領域、各個層面深入推進，迅速打開局面，有效解決了黨內長期存在的許多突出問題，管黨治黨走向嚴緊硬，取得顯著成效。

　　明確習近平同志的核心地位，進一步增強全黨的「四個意識」，堅持黨的領導、保持黨的團結統一有了更加可靠的政治保證。黨的十八屆六中全會明確習近平同志的核心地位，這是全黨的高度共識，是黨和國家興旺發達、長治久安的重要保證。這一重要決定，對於維護黨中央權威、維護黨的團結和集中統一領導，對於推進中國特色社會主義偉大事業和黨的建設新的偉大工程，具有重大現實意義和深遠歷史意義。同時，我們黨進一步嚴明黨的紀律特別是政治紀律和政治規矩，大力維護紀律和規矩的嚴肅性和權威性。經過幾年努力，廣大黨員、幹部的紀律意識、規矩意識顯著增強，遵規守紀的自覺性顯著提高，以習近平同志為核心的黨中央的權威得到有效維護，黨的團結統一得到進一步鞏固。

　　把思想建黨放在全面從嚴治黨的首位，突出理想信念教育，全黨不忘初心、繼續前進的思想基礎更加鞏固。黨的十八大以來，習近平

同志多次強調，要把思想建黨擺在黨的建設首要位置，把理想信念教育作為思想建設的戰略任務，要求全黨同志補足精神上的鈣。黨中央對黨的思想建設作出全面部署，提出明確任務和要求。比如，認真組織開展黨的群眾路線教育實踐活動、「三嚴三實」專題教育和「兩學一做」學習教育。通過這些舉措，廣大黨員、幹部的世界觀、人生觀、價值觀得到淨化，馬克思主義理論水準得到提高，中國特色社會主義道路自信、理論自信、制度自信、文化自信更加堅定。

堅持黨管幹部原則，大力培養選拔黨和人民需要的好幹部，高素質執政骨幹隊伍建設邁出新步伐。黨的十八大以來，我們黨堅持以嚴的標準選拔幹部、嚴的措施管理幹部、嚴的紀律約束幹部。認真落實習近平同志提出的「信念堅定、為民服務、勤政務實、敢於擔當、清正廉潔」的好幹部標準，著力破解「唯票、唯分、唯 GDP、唯年齡」問題；強化黨組織在幹部選拔任用中的領導和把關作用，防止「帶病提拔」；嚴肅整治用人上的不正之風和腐敗現象，嚴厲查處跑官要官、買官賣官等問題；實行領導幹部個人有關事項報告及抽查核實制度；出臺《中國共產黨問責條例》《推進領導幹部能上能下若干規定（試行）》，大力整治「為官不為」「庸官」「懶政」等問題；把嚴格要求和關心愛護結合起來，堅持「三個區分開來」，探索建立容錯糾錯機制。通過這些措施，進一步優化選人用人環境，樹立正確用人導向，一大批忠誠乾淨擔當的幹部走上各級領導崗位。

把抓基層打基礎作為長遠之計和固本之策，推動全面從嚴治黨向基層延伸，黨執政的組織基礎更加堅實。黨的十八大以來，黨中央高度重視基層黨建工作，堅持政治引領與服務群眾相統一、組織覆蓋與工作覆蓋相結合，大力推進農村、街道社區、國企、機關、高校、非公

有制經濟組織和社會組織等各領域黨建工作。著眼於保持黨的先進性和純潔性，大力加強黨員隊伍建設，探索建立鮮活生動、富有時代特點的黨員教育載體。嚴格落實基層黨建工作責任制，壓實各級黨組織書記抓基層黨建的責任。通過這些舉措，基層黨組織的整體功能特別是政治功能得到強化，黨組織戰鬥堡壘作用和黨員先鋒模範作用得到更好發揮。

嚴肅黨內政治生活，淨化黨內政治生態，黨內政治生活的政治性、時代性、原則性、戰鬥性顯著增強。黨的十八屆六中全會審議通過《關於新形勢下黨內政治生活的若干準則》《中國共產黨黨內監督條例》，對黨內政治生活和黨內監督作出規範。各級黨組織嚴格黨的組織生活制度，堅持和改進「三會一課」等黨內政治生活方式，拿起批評和自我批評這一武器開展積極的思想鬥爭。這些舉措有效解決了黨組織生活不經常、不認真、不嚴肅的問題，黨內清清爽爽的同志關係和規規矩矩的上下級關係得到恢復，黨內政治生活得到加強和規範，黨內政治生態得到淨化。

馳而不息抓作風建設，切實解決作風方面的突出問題，黨風政風得到端正，黨群關係更加密切。黨的十八大以來，黨中央以作風建設為切入點和突破口，把全面從嚴治黨不斷引向深入。黨中央制定並嚴格執行八項規定，堅持以上率下，持之以恆糾正「四風」，打出一套改進作風的組合拳。注重加大執紀監督力度，把違反中央八項規定精神問題納入巡視內容，對信訪舉報中發現的「四風」問題線索及時調查處理，等等。通過這些舉措和做法，中央八項規定精神得到有效落實，「四風」問題得到有力整治，黨員、幹部的精神面貌為之一新。

堅持有腐必反、有貪必肅，「老虎」「蒼蠅」一起打，反腐敗鬥

爭壓倒性態勢已經形成。黨的十八大以來，我們用最堅決的態度減少腐敗存量，用最果斷的措施遏制腐敗增量，重點查處黨的十八大後不收斂不收手的腐敗分子，堅決查處群眾身邊的不正之風和腐敗問題。充分發揮巡視反腐利劍作用，實現巡視全覆蓋。加大國際追逃追贓力度，不讓腐敗分子有「避罪天堂」。實行監督執紀「四種形態」，把監督執紀問責做深做細做實。從嚴落實「兩個責任」，督促各級黨委（黨組）認真履行主體責任、紀委（紀檢組）認真履行監督責任。通過這些舉措，淨化黨的肌體，形成強大震懾，遏制腐敗現象蔓延勢頭，贏得黨心民心，獲得國際輿論的廣泛讚譽。

扎實推進黨的建設制度改革，編密紮緊制度的籠子，制度治黨、依規治黨水準進一步提升。黨的十八大以來，我們黨堅持一手抓制度制定、一手抓制度執行，黨內法規制度體系不斷健全，制度執行力不斷提高。出臺實施《深化黨的建設制度改革實施方案》，印發《關於加強黨內法規制度建設的意見》，制定、修訂《中國共產黨地方委員會工作條例》《中國共產黨黨組工作條例（試行）》等多部黨內法規。通過這些舉措，制度的「籠子」越編越緊、越紮越牢，權力濫用的空間越來越小，制度的執行力越來越強，為全面從嚴治黨提供了有力的制度保證。

黨的十八大以來全面從嚴治黨實踐的深刻啟示

黨的十八大以來全面從嚴治黨的豐富實踐給我們提供多方面深刻啟示，這些深刻啟示對於堅定不移把全面從嚴治黨向縱深推進具有重要意義。

　　堅持偉大工程與偉大事業、偉大鬥爭、偉大夢想相結合，統籌謀劃、協同推進。這是全面從嚴治黨的根本原則。黨的十八大以來，全面從嚴治黨的實踐都是緊緊圍繞進行偉大鬥爭、推進偉大事業、實現偉大夢想展開的，都是為黨的事業發展服務的。黨中央將全面從嚴治黨納入「四個全面」戰略佈局，特別是著眼於加強和改善黨的領導，把提高黨的執政能力和領導水準擺在突出位置，切實加強各級領導班子建設，充分發揮各級黨組織在經濟社會發展中的領導核心作用和政治核心作用。這啟示我們，只有將偉大工程與偉大事業、偉大鬥爭、偉大夢想緊密結合起來，才能確保我們黨始終成為中國特色社會主義事業的堅強領導核心。

　　堅持目標導向與問題導向相結合，正確把握全面從嚴治黨的著眼點和著力點。這是全面從嚴治黨的方向要求。一方面，鮮明地指明了全面從嚴治黨的目標。這就是：保持黨的先進性和純潔性，增強黨的創造力凝聚力戰鬥力，提高黨的領導水準和執政水準，確保黨始終成為中國特色社會主義事業的堅強領導核心。另一方面，體現了鮮明的問題導向。比如，黨的十八大以來開展的集中教育活動和黨內學習教育，都把查找和解決黨內存在的問題擺在突出位置。這啟示我們，只有做到目標導向與問題導向相結合，才能明確全面從嚴治黨的努力方向和現實指向，處理好一般和重點、當前與長遠的關係，保證管黨治黨持續推進、步步深入。

　　堅持思想建黨與制度治黨相結合，同向發力、同時發力。這是全面從嚴治黨的基本經驗。習近平同志深刻指出：「從嚴治黨靠教育，也靠制度，二者一柔一剛，要同向發力、同時發力。」這一重要論述把思想建黨和制度治黨統一起來，揭示了全面從嚴治黨的規律。思想

建黨與制度治黨相互依存、相輔相成，緊密結合、相互促進。思想建黨的成果和經驗要靠制度治黨來鞏固，否則就難以為繼；制度治黨的推進和堅持要靠思想建黨來引領，否則就會迷失方向。這啟示我們，只有將思想建黨與制度治黨緊密結合起來，才能為全面從嚴治黨打下牢固的思想基礎、提供可靠的制度保障。

堅持抓「關鍵少數」與抓基層打基礎相結合，著力強化黨的組織建設。這是全面從嚴治黨的重要舉措。黨的十八大以來，習近平同志反復強調要抓住各級領導幹部這個「關鍵少數」，切實加強幹部隊伍建設。黨中央堅持把全面從嚴治黨的要求體現到幹部工作的全過程和各方面，做到既精準科學選拔任用幹部，又嚴格教育管理監督幹部，一大批德才兼備的好幹部走上領導崗位。與此同時，採取多方面措施推動全面從嚴治黨向基層延伸，著力強化基層黨組織的政治功能和服務功能，使黨組織的戰鬥堡壘作用得到有效發揮。這啟示我們，只有把抓「關鍵少數」與抓基層打基礎緊密結合起來，一「頭」一「尾」相互呼應、統籌兼顧，才能為黨的事業發展提供堅強有力的組織保證。

堅持繼承優良傳統與推進改革創新相結合，與時俱進加強黨的建設。這是全面從嚴治黨的實踐路徑。我們黨在 90 多年奮鬥中形成的優良傳統，是黨的寶貴精神財富，也成為我們黨區別於其他政黨的顯著標誌和政治優勢。黨的十八大以來，黨中央強調，新形勢下全面從嚴治黨必須繼承、發揚黨的優良傳統。與此同時，黨中央適應時代發展、形勢變化，大力推進黨的建設理論創新、制度創新和實踐創新。這啟示我們，只有將繼承發揚黨的優良傳統與大力推進黨的建設領域的改革創新緊密結合起來，才能使全面從嚴治黨具有強大的精神動力和不竭的創新活力，保證全面從嚴治黨與新的時代條件和形勢任務相

適應，保證黨始終走在時代前列。

　　堅持依靠黨自身的力量與依靠人民群眾相結合，切實解決黨內存在的突出問題。這是全面從嚴治黨的力量源泉。善於根據形勢任務和黨自身狀況的發展變化加強和改進黨的建設，依靠自身力量解決黨內存在的問題，這是我們黨的獨特優勢。黨的十八大以來，黨中央充分發揮這一優勢，組織動員各級黨組織和廣大黨員參與到全面從嚴治黨的各項活動和任務中來。與此同時，堅持依靠群眾推進全面從嚴治黨，注意傾聽群眾意見、依靠群眾監督、贏得群眾支持。這啟示我們，只有將依靠黨自身的力量與依靠人民群眾緊密結合起來，全面從嚴治黨才能根植於人民群眾的深厚沃土之中，獲得廣泛的支持，汲取強大的力量，使黨永遠立於不敗之地。

　　堅持戰略部署與戰役落實相結合，著力提高管黨治黨的科學化水準。這是全面從嚴治黨的重要推進方式。黨的十八大以來，在全面從嚴治黨的偉大實踐中，黨中央統籌推進「五位一體」總體佈局、協調推進「四個全面」戰略佈局，確定了全面從嚴治黨的重要戰略地位，並作出了周密的戰略部署。同時，組織好一場場戰役，一場戰役一場戰役地打，一步一個腳印向前推進，積小勝為大勝。這啟示我們，只有做到戰略部署與戰役落實的有機結合，才能把謀劃全域與重點推進統一起來，提高管黨治黨的科學化水準。

《人民日報》（2017 年 09 月 29 日　07 版）

黨內監督必須突出黨的領導機關和「關鍵少數」

樓繼偉

　　黨的十八屆六中全會通過的《關於新形勢下黨內政治生活的若干準則》（以下簡稱《準則》）和《中國共產黨黨內監督條例》（以下簡稱《條例》）都強調黨內監督必須突出黨的領導機關和領導幹部特別是主要領導幹部，這是堅持馬克思主義唯物辯證法重點論的體現，對於保證黨的團結統一、保持黨的先進性和純潔性、確保黨始終成為中國特色社會主義事業的堅強領導核心具有重要意義。

黨內監督突出黨的領導機關和領導幹部特別是主要領導幹部的必要性緊迫性

　　黨的領導機關和領導幹部是黨和人民事業的組織者、推動者和落實者，也是黨的基層組織、廣大黨員幹部的重要參照和群眾關注的重點。黨內監督只有突出黨的領導機關和領導幹部特別是主要領導幹部，才能更加有力有效，我們黨才能更好地領導全國各族人民統籌推進「五位一體」總體佈局和協調推進「四個全面」戰略佈局，實現「兩個一百年」奮鬥目標和中華民族偉大復興中國夢。

　　保持黨的先進性和純潔性的內在要求。先進性和純潔性是馬克思主義政黨的本質屬性，體現在各級黨組織和全體黨員特別是黨的領導

機關和領導幹部的實際行動上。黨面臨的「四大考驗」是長期的、複雜的、嚴峻的,「四種危險」更加尖銳地擺在全黨面前,保持黨的先進性和純潔性、提高執政能力和領導水準、增強抵禦風險和拒腐防變能力顯得更為重要而緊迫。黨的領導機關和領導幹部是黨的事業的骨幹力量,是實現黨的執政目標的「指揮部」和「排頭兵」,在保持先進性和純潔性上理應帶好頭、作表率。黨內監督突出黨的領導機關和領導幹部特別是主要領導幹部,就是要對其嚴格要求、嚴格管理、嚴格監督,督促其發揮積極的引領和帶動作用,不斷增強黨自我淨化、自我完善、自我革新、自我提高能力。

增強黨的創造力凝聚力戰鬥力的有效途徑。辦好中國的事情,關鍵在黨。從現實情況看,有的領導機關、領導班子、領導幹部仍不同程度、不同形式存在「四風」問題;有的基層黨組織軟弱渙散,黨的路線方針政策落實不到位;有的單位領導班子存在一言堂、家長制的現象。這些都與黨內監督不到位有關,破壞了黨的團結和統一,敗壞了黨內政治生態,削弱了黨的創造力凝聚力戰鬥力。營造良好政治生態,黨的領導機關和領導幹部特別是主要領導幹部是關鍵。領導幹部責任越重大、崗位越重要,就越要加強監督。加強對領導幹部特別是主要領導幹部執行民主集中制、重大事項決策、選人用人、廉潔自律等情況的監督,有利於及時發現、有效解決黨自身存在的突出問題;有利於實現正確的集中,保證全黨團結統一和行動一致,保證黨的路線方針政策得到迅速有效的貫徹執行;有利於發揚黨內民主,激發黨的生機活力,更好團結廣大幹部群眾共同奮鬥。

推進新形勢下黨風廉政建設和反腐敗鬥爭的迫切需要。我們黨執政是全面執政,執掌著人民賦予的權力。任何權力都面臨被腐蝕的危

險，執政黨永遠會面對與腐敗的鬥爭。黨的領導機關和領導幹部掌握一定權力，主要領導幹部權力相對更集中，用權必須謹慎，常懷敬畏之心、戒懼之意，自覺接受紀律和法律的約束。領導幹部違紀違法，有理想信念動搖、外部「圍獵」的原因，更有日常管理監督不力的原因。黨的十八大以來，我們黨著眼於新的形勢任務，著力解決管黨治黨寬鬆軟的問題，使不敢腐的震懾作用充分發揮，不能腐、不想腐的效應初步顯現，反腐敗鬥爭壓倒性態勢正在形成。但同時，黨風廉政建設和反腐敗鬥爭形勢依然嚴峻複雜。從源頭預防和治理腐敗，監督是關鍵。黨內監督是黨的領導機關和領導幹部依法用權、秉公用權、廉潔用權的重要保證，是新形勢下推進黨風廉政建設和反腐敗鬥爭的迫切需要。必須以黨的領導機關和領導幹部特別是主要領導幹部為重點，進一步強化黨內監督，把各種消極腐敗現象消滅在萌芽狀態。

對黨的領導機關和領導幹部特別是主要領導幹部加強監督的重點

根據《條例》精神，對黨的領導機關和領導幹部特別是主要領導幹部監督的主要內容包括：是否遵守黨章黨規，堅定理想信念，踐行黨的宗旨，模範遵守國家憲法法律；是否維護黨中央集中統一領導，牢固樹立「四個意識」，貫徹落實黨的理論和路線方針政策，令行禁止；是否堅持民主集中制，嚴肅黨內政治生活，貫徹黨員個人服從黨的組織、少數服從多數、下級組織服從上級組織、全黨各個組織和全體黨員服從黨的全國代表大會和中央委員會原則；是否落實全面從嚴治黨責任，嚴明黨的紀律特別是政治紀律和政治規矩，推進黨風廉政建設

和反腐敗工作；是否落實中央八項規定精神，加強作風建設，密切聯繫群眾，鞏固黨的執政基礎；是否堅持黨的幹部標準，樹立正確的選人用人導向，執行幹部選拔任用工作規定；是否廉潔自律、秉公用權；完成黨中央和上級黨組織部署的任務情況如何。結合領導幹部特別是主要領導幹部的崗位、責任和作用，必須重點監督其政治立場、加強黨的建設、從嚴治黨、執行黨的決議、公道正派選人用人、廉潔自律情況。

黨員領導幹部的政治立場是否堅定，對黨和人民事業具有極端重要性。加強對黨員領導幹部政治立場情況的監督，主要看其是否堅定馬克思主義信仰，堅定社會主義和共產主義信念，在重大政治考驗面前有政治定力；是否堅決捍衛黨的基本路線，旗幟鮮明反對和抵制一切違背黨的基本路線的錯誤言行；是否牢固樹立「四個意識」，做到黨中央提倡的堅決響應、黨中央決定的堅決照辦、黨中央禁止的堅決不做；是否站穩群眾立場，堅決貫徹黨的群眾路線，以身作則反對「四風」。

黨的建設關係重大、牽動全域。要重點看黨員領導幹部是否嚴格落實「一崗雙責」，堅持黨建工作與中心工作一起謀劃、部署和考核；管轄範圍內是否出現黨的建設缺失、黨內政治生活不正常、組織生活不健全、黨組織軟弱渙散、黨性教育特別是理想信念宗旨教育薄弱、中央八項規定精神不落實、作風建設流於形式等問題。對各級各部門黨組織負責人特別是黨委（黨組）書記的考核，首先要看其抓黨建的實效，考核其他黨員領導幹部工作也要加大這方面的權重。

從嚴治黨是黨員領導幹部的政治責任。要重點瞭解黨組織和黨員領導幹部是否落實全面從嚴治黨主體責任、監督責任，落實分級負責

原則，層層傳導壓力，做到真管真嚴、敢管敢嚴、長管長嚴，特別是黨委（黨組）書記是否當好第一責任人；是否堅持把紀律挺在前面，嚴格執行「六項紀律」特別是政治紀律、組織紀律、廉潔紀律，綜合運用監督執紀「四種形態」，讓紅紅臉、出出汗成為常態。對全面從嚴治黨不力，主體責任、監督責任落實不到位，管黨治黨失之於寬鬆軟，好人主義盛行、搞一團和氣，不負責、不擔當，黨內監督之力，該發現的問題沒有發現，發現問題不報告不處置、不整改不問責，造成嚴重後果的，要嚴肅予以問責。

堅決執行黨的決議是黨員領導幹部必備的基本條件。對黨的決議和政策如有不同意見，在堅決執行的前提下，可以聲明保留，並可以把自己的意見向黨的上級組織直至中央提出。加強對黨員領導幹部執行黨的決議的監督，要看其是否堅持「四個服從」，不折不扣執行黨中央決策部署；是否存在個人主義、分散主義、自由主義傾向；是否口是心非、陽奉陰違；是否有令不行、有禁不止；是否搞上有政策、下有對策。

公道正派是幹部工作的核心理念。要重點關注領導幹部是否帶頭執行黨的幹部政策，嚴格執行幹部選拔任用工作規定；是否堅持德才兼備、以德為先，既看能力更看品行，既看政績更看政德；是否堅持幹部工作中的群眾路線，堅持群眾公認，充分發揚民主；是否存在任人唯親、搞親親疏疏，封官許願、跑風漏氣、收買人心和「帶病提拔」等問題；是否利用職務便利違規干預幹部選拔任用。考核評價黨委（黨組）以及有關領導幹部，要把履行選人用人職責情況作為重要內容。落實幹部選拔任用工作紀實制度，建立幹部選拔任用問責制度，做到誰提名誰負責，誰考察誰負責，誰主持會議討論決定誰負責。

廉潔自律是共產黨人為官從政的底線。要監督黨員領導幹部是否堅持公私分明、先公後私、公而忘私，帶頭保持謙虛、謹慎、不驕、不躁的作風，保持艱苦奮鬥的作風，帶頭踐行廉潔自律規範；是否存在利用黨和人民賦予的權力為自己和他人謀取私利的現象；是否存在違反財經制度批錢批物批項目，利用各種藉口或巧立名目侵佔、揮霍公共財物，違反規定提高幹部待遇標準等問題；是否注重家庭、家教、家風，教育管理好親屬和特定關係人。

加強對黨的領導機關和領導幹部特別是主要領導幹部監督的有效途徑

按照《條例》要求，加強對黨的領導機關和領導幹部特別是主要領導幹部的監督，必須把上級對下級、同級之間以及下級對上級的監督充分調動起來，確保黨內監督落到實處、見到實效。

堅持、完善、落實民主集中制。堅持民主集中制是強化黨內監督的核心。要認真落實《準則》關於堅持民主集中制原則的各項要求，堅持集體領導和個人分工相結合，任何情況下都不允許以任何理由違反。各級黨委（黨組）必須堅持集體領導制度，堅持科學民主依法決策。重大問題要按照集體領導、民主集中、個別醞釀、會議決定的原則，由集體討論、按少數服從多數作出決定，不允許用其他形式取代黨委及其常委會的領導。堅決反對和防止獨斷專行或各自為政，堅決反對和防止議而不決、決而不行、行而不實。黨委（黨組）主要負責同志要敢於擔責、善於集中，充分發揚民主，嚴格按程序決策、按規矩辦事，注意聽取不同意見，不能搞一言堂甚至家長制。領導班子成員要

增強全域觀念和責任意識，在研究工作時充分發表意見，決策形成後一抓到底，不得違背集體決定自作主張、自行其是，要堅持講原則、講規矩，共同維護堅持黨性原則基礎上的團結。

加強對權力運行的制約和監督。黨內不允許有不受制約的權力，也不允許有不受監督的特殊黨員。要按照《準則》要求，加強權力運行制約和監督機制建設，形成有權必有責、用權必擔責、濫權必追責的制度安排。實行權力清單制度，公開權力運行過程和結果，健全不當用權問責機制，把權力關進制度籠子，讓權力在陽光下運行。領導幹部要始終堅持立黨為公、執政為民，自覺檢查和及時糾正在行使權力、廉政勤政方面存在的問題，做到可以行使的權力按規則正確行使，該由上級組織行使的權力下級組織不能行使，該由領導班子集體行使的權力班子成員個人不能擅自行使，不該由自己行使的權力決不行使。增強法治意識、弘揚法治精神，自覺按法定許可權、規則、程序辦事，決不以言代法、以權壓法、徇私枉法，決不違規干預司法。

強化黨委（黨組）主體責任。黨委（黨組）在黨內監督中負主體責任。要加強對黨委常委會委員、黨委委員，同級紀委、黨的工作部門和直接領導的黨組織領導班子及其成員的監督。堅持授權要負責監督，發現問題要及時處置。強化上級組織對下級組織特別是主要領導幹部行使權力的監督，上級黨組織對下級黨組織主要負責人，平時應多過問、多提醒，發現問題及時糾正。領導班子成員發現主要負責人存在嚴重問題，應及時提出。加強對領導幹部的日常管理監督，掌握其思想、工作、生活狀況，認真開展提醒談話、誡勉談話。嚴格黨的組織生活制度，民主生活會應經常化，重在解決突出問題，領導幹部應在會上把群眾反映、巡視發現、組織約談函詢的問題說清楚、談透

徹，提出整改措施，接受組織監督。黨的領導幹部應經常開展批評和自我批評，敢於正視、深刻剖析、主動改正自己的缺點錯誤；每年在黨委常委會（黨組）擴大會議上述責述廉，接受評議。堅持和完善領導幹部個人有關事項報告制度，對篡改偽造個人檔案資料、故意虛報瞞報個人重大事項的，一律嚴肅查處。

充分發揮巡視利劍作用。巡視是黨內監督的重要方式。黨的十八大以來，巡視工作不斷深化，堅持把發現問題、形成震懾作為主要任務，取得了明顯成效。巡視是政治巡視，巡視黨的組織和黨的領導幹部尊崇黨章、黨的領導、黨的建設和黨的路線方針政策落實情況，履行全面從嚴治黨責任、執行黨的紀律、落實中央八項規定精神、黨風廉政建設和反腐敗工作以及選人用人情況。《條例》要求，中央和省、自治區、直轄市黨委一屆任期內，對所管理的地方、部門、企事業單位黨組織全面巡視。省、自治區、直轄市黨委應當推動黨的市（地、州、盟）和縣（市、區、旗）委員會建立巡察制度，使從嚴治黨向基層延伸。

充分發揮黨的基層組織和黨員監督作用。黨的基層組織應發揮戰鬥堡壘作用，瞭解黨員、群眾對黨的工作和黨的領導幹部的批評和意見，定期向上級黨組織反映情況，提出意見和建議；黨員領導幹部要時刻牢記自己第一身份是黨員，堅持「三會一課」制度，以普通黨員身份參加所在黨支部或黨小組的組織生活。黨員應本著對黨和人民事業高度負責的態度，積極行使權利，加強對黨的領導幹部的民主監督，及時向黨組織反映群眾意見和訴求；在黨的會議上有根據地批評黨的任何組織和任何黨員，揭露和糾正工作中存在的缺點和問題；參加黨組織開展的評議領導幹部活動，勇於觸及矛盾問題、揭露缺點錯

誤，對錯誤言行敢於較真、敢於鬥爭。

　　能不能正確對待、自覺接受黨和人民監督，是衡量領導幹部黨性修養的一個重要尺度。黨員領導幹部要樹立正確的監督觀，充分認識到監督是一種關心和愛護，主動、自覺和樂於接受監督，習慣在監督下開展工作，決不能拒絕監督、逃避監督。

　　　　　　　　　《人民日報》（2016 年 12 月 06 日　07 版）

從嚴治黨要從黨內政治生活嚴起

梁田庚

黨要管黨必須從黨內政治生活管起，從嚴治黨必須從黨內政治生活嚴起。實踐證明，嚴肅黨內政治生活是解決黨內矛盾和問題的「金鑰匙」，是黨員幹部錘煉黨性的「大熔爐」，是純潔黨風政風的「淨化器」。我們黨要贏得具有許多新的歷史特點的偉大鬥爭新勝利、實現「兩個一百年」奮鬥目標和中華民族偉大復興的中國夢，就要著力增強黨內政治生活的政治性、時代性、原則性、戰鬥性，為持續推進全面從嚴治黨、把黨建設得更加堅強有力打下堅實基礎。

抓好思想政治教育這個首要任務

加強思想政治教育和理論武裝，是黨內政治生活的首要任務。要大力推進「兩學一做」學習教育常態化、制度化，把深入學習貫徹習近平同志系列重要講話精神作為必修課，用以武裝頭腦、指導實踐、推動工作、規範行為。

做到學而信。習近平同志系列重要講話開闢了中國特色社會主義理論體系的新境界，展現了當代中國馬克思主義強大的真理力量和實踐力量。要通過讀原著、學原文、悟原理，系統學、深入學、跟進學，著力掌握蘊含其中的治國理政新理念新思想新戰略，著力掌握貫穿其

中的馬克思主義立場觀點方法，提高政治覺悟和思想境界，補足精神之「鈣」，築牢思想之「魂」。

做到學而思。教之無物，行而不遠。理想信念教育要貼近工作實際、貼近現實問題、貼近黨員訴求，推動思想教育由單項灌輸向雙向互動轉變。要針對黨員幹部的思想困惑和模糊認識，開展專題研討，著力解疑釋惑，增強黨員幹部運用科學理論廓清思想迷霧的能力。

做到學而行。「一個行動勝過一打綱領。」要把加強思想政治教育與錘煉實踐能力緊密結合起來，圍繞統籌推進「五位一體」總體佈局、協調推進「四個全面」戰略佈局、貫徹落實新發展理念等進行學習研究，有計劃地選派幹部到複雜環境、艱苦崗位、邊遠地區和基層一線砥礪品質、錘煉作風、增長才幹。同時，加強黨內政治文化建設，大力培育和弘揚忠誠老實、光明磊落、公道正派、實事求是、艱苦奮鬥、清正廉潔等共產黨人價值觀。

強化紀律和規矩這個制度保障

我們黨是靠革命理想和鐵的紀律組織起來的馬克思主義政黨，鐵的紀律和規矩是嚴肅黨內政治生活的制度保障。

始終把紀律和規矩挺在前面。只有經常性地用紀律衡量每個黨員的言行，嚴肅認真的黨內政治生活才有切實保障。要立規明矩，把紀律和規矩樹起來、嚴起來，引導黨員幹部嚴格遵守政治紀律、組織紀律等六大紀律，確保做人做事始終走正道、揚正氣。

突出政治紀律和政治規矩。堅決維護以習近平同志為核心的黨中央權威，將維護核心的要求轉化為思想自覺、黨性觀念、紀律要求和

實際行動。堅決反對有令不行、有禁不止、上有政策、下有對策,堅決反對個人主義、分散主義、本位主義,堅決反對違背組織原則、不請示不報告、不按程序辦事,堅決反對違反組織紀律、搞小圈子、搞陽奉陰違、搞非組織活動。

堅持違紀必究、失責必問。紀律和規矩不是可以伸縮的「橡皮筋」,而是帶電的高壓線,是不可觸碰的紅線、不可逾越的底線,必須嚴格遵守。任何違反紀律和規矩的行為,一經查實都要嚴肅追究、嚴肅處理。

把好選人用人這個組織關口

選人用人是黨內政治生活的風向標。嚴肅黨內政治生活,必須把端正選人用人導向作為著眼點和著力點。

嚴格把關。堅持把政治標準放在首位,把對黨絕對忠誠作為評價、識別和檢驗幹部的首要標準,深入考察幹部的政治信仰、政治立場、政治定力、政治品格,注重考察幹部在同以習近平同志為核心的黨中央保持高度一致、維護黨中央權威、貫徹黨中央決策部署、維護黨的集中統一方面的表現。政治上有問題的一票否決,廉潔上有硬傷的不予使用。

匡正風氣。堅決整飭跑官要官、買官賣官、拉票賄選行為,堅決抵制向黨伸手要職務、要名譽、要待遇的行為,堅決反對向黨組織討價還價、不服從組織決定的行為。加強對幹部選拔任用工作的監督,做到誰提名誰負責、誰考察誰負責、誰監督誰負責。開展幹部選拔任用工作專項巡視,凡發現「帶病提拔」、突擊提拔、違規任用等問題,

一律對選拔任用過程進行倒查，一查到底、問責到人。

端正導向。堅持五湖四海、公道正派，以嚴實作風把好幹部選出來、用起來，形成注重實績、重視基層和崇尚實幹的導向。建立健全幹部能上能下，能者上、庸者下、劣者汰的長效機制。建立容錯糾錯機制，旗幟鮮明地為敢於擔當的幹部擔當、為敢於負責的幹部負責，營造鼓勵創新、勇於負責、寬容失誤、愛護幹部的良好氛圍。

規範組織生活這個重要載體

黨的組織生活是黨內政治生活的重要內容和載體，是黨組織對黨員進行教育、管理和監督的重要形式。嚴肅黨內政治生活，必須進一步規範黨的組織生活。

發揮黨支部的主動性。認真落實「三會一課」、民主生活會和談心談話、民主評議黨員等制度，探索主題黨日、黨員活動日、「微支部」和「微黨課」等做法，推動各級黨組織和黨員依靠自身力量修正錯誤、改進工作。

增強活動的實效性。堅持繼承與創新有機統一，既正本清源，繼承黨內政治生活的優良傳統，又與時俱進，加強對黨員思想動態的綜合研判，創新組織生活的內容形式、途徑方法，使各種形式的組織生活都有實質性內容和實際效果。

強化制度的嚴肅性。各級黨委（黨組）要把嚴格黨的組織生活制度納入黨建工作責任制，加強領導、明確責任，切實抓出成效。經常對黨員特別是黨員領導幹部參加組織生活的情況進行督促檢查，對長期不參加或拒不參加組織生活的黨員從嚴作出組織處理、紀律處分。

用好批評和自我批評這個思想武器

批評和自我批評是嚴肅黨內政治生活的重要手段，是黨內政治空氣的「清潔劑」。要把民主生活會作為開展批評和自我批評的重要陣地。

堅持問題導向。進一步聚焦問題，無論是批評他人還是自我批評都要直指問題、直戳要害，防止以講道理代替談問題、以班子問題代替個人問題、以工作建議代替批評意見，對誠勉談話涉及的問題、巡視發現的問題的整改情況以及上級函詢的問題，在民主生活會上要作出說明。

融入工作生活。批評和自我批評不能只停留在民主生活會、組織生活會上，而應貫穿到工作生活的方方面面，多用常用、用活用好。黨的領導機關和領導幹部要敢於並善於聽取各方面意見特別是不同意見，鼓勵反映真實情況。黨內工作會議的報告、講話以及各類工作總結，上級機關和領導幹部檢查指導工作，都要既講成績和經驗，又講問題和不足；既注重解決問題，又要從問題中反思自身工作和領導責任。

營造良好風氣。黨的十八大以來，中央政治局帶頭開展批評和自我批評，為全黨帶了好頭，產生了良好示範效應。各級領導幹部要以高度的黨性覺悟和擔當精神，勇於自我批評，敢於進行批評，坦誠接受批評，習慣在監督下工作、在批評中進步。要把黨員幹部開展嚴肅認真的批評和自我批評作為衡量組織生活品質的重要標準，把發現和解決自身問題的能力作為考核評價領導班子的重要依據。

突出領導幹部這個「關鍵少數」

嚴肅黨內政治生活，應突出重點，抓住各級領導幹部特別是高級領導幹部這個「關鍵少數」。

增強政治意識。領導幹部必須頭腦清醒、立場堅定，保持高度政治自覺，決不能搞小山頭、小圈子、小團夥，決不能拉私人關係、搞人身依附、培植個人勢力、形成利益集團。應做政治上的明白人，始終同以習近平同志為核心的黨中央同心同德、保持高度一致。要自覺對照習近平同志指出的「七個有之」查找自身問題，對照「十個必須」明確努力方向，把嚴肅黨內政治生活的各項要求落實到日常修為和具體工作中。

發揮表率作用。領導幹部特別是「一把手」要清醒認識自己崗位的特殊重要性，職位越高越要自覺按照我們黨提出的標準嚴格要求自己，越要做到黨性堅強、黨紀嚴明，以黨的方向為方向、以黨的意志為意志。要增強自律意識、標杆意識、表率意識，對照《關於黨內政治生活的若干準則》《中國共產黨黨內監督條例》，帶頭檢查自己的思想和行為，帶頭落實黨內政治生活的各項要求，帶頭接受黨內監督，為廣大黨員幹部作好表率。

落實管黨責任。認真落實各級黨委（黨組）的主體責任、書記的第一責任、班子成員的分管責任，完善管黨治黨體制機制、責任清單，做到責任清、任務明。對管黨治黨不力，黨內政治生活出現嚴重問題、政治生態惡化的，嚴肅追究領導責任，發揮警示作用，喚醒責任意識，激發擔當精神。

《人民日報》（2017 年 02 月 20 日　07 版）

將紅色基因融入全面從嚴治黨

孫雲飛

習近平同志在慶祝中國共產黨成立 95 周年大會上強調，「一切向前走，都不能忘記走過的路；走得再遠、走到再光輝的未來，也不能忘記走過的過去，不能忘記為什麼出發」，號召全黨要堅持不忘初心、繼續前進。黨的十八屆六中全會開啟了全面從嚴治黨向縱深推進的新征程。全面從嚴治黨，要求在強化制度治黨的同時強化思想建黨，確保黨員幹部始終不忘初心。革命老區的紅色資源是加強思想建黨的寶貴財富。如何把紅色資源利用好、把紅色傳統發揚好、把紅色基因傳承好，使黨員幹部始終不忘初心，在新長征路上走得正、行得遠，是革命老區新時期全面從嚴治黨的重要課題。

銘記初心，增強繼續前進的動力。銘記初心，就要不忘來時的路、不忘自己的根，始終牢記紅色歷史，永葆政治本色。安徽省六安市是中國革命的重要策源地、人民軍隊的重要發源地。2016 年 4 月，習近平同志到位於大別山區的六安市金寨縣調研時指出：「一寸山河一寸血，一抔熱土一抔魂。回想過去的烽火歲月，金寨人民以大無畏的犧牲精神，為中國革命事業建立了彪炳史冊的功勳，我們要沿著革命前輩的足跡繼續前行，把紅色江山世世代代傳下去。」在六安這片紅土地上，有著令人驕傲的紅色印記。一是時間早。早在 1923 年，安徽省第一個黨支部——中共小甸集特支在時屬六安的壽縣建立。二是

歷程長。土地革命時期，六安是鄂豫皖革命根據地的中心地帶。抗日戰爭時期，六安是安徽全省的抗戰指揮中心、活動中心。解放戰爭時期，六安是人民解放軍奪取全國勝利的前進基地。三是範圍廣。六安全市共有紅色遺跡 500 多處，從這裡走出了 100 多位開國將軍，被人們譽為紅軍的搖籃、將軍的搖籃。家家有紅軍、村村有烈士、鄉鄉有將軍，是六安一些地方的真實寫照。這些紅色資源、紅色歷史，生動體現了中國共產黨人的初心。全面從嚴治黨，就要讓黨員幹部銘記初心，不斷增強繼續前進的動力。

　　堅守初心，增強繼續前進的定力。堅守初心，就要傳承堅貞忠誠、犧牲奉獻、一心為民、永跟黨走的革命精神，使黨員幹部始終堅守共產黨人的政治靈魂、政治信仰、政治追求。在我們黨領導革命、建設和改革的進程中，六安人民無論面對什麼樣的艱苦環境，都始終不忘初心、緊跟黨走、勇於奉獻。革命戰爭年代，為了民族獨立和人民解放，六安人民前仆後繼，百萬群眾參軍參戰，30 多萬兒女英勇捐軀。新中國成立初期，在物資匱乏、設備落後的條件下，六安人民積極回應毛澤東同志「一定要把淮河修好」的號召，依靠肩挑手攬建成了舉世聞名的淠史杭灌區，創造了新中國水利建設史上的奇跡。改革開放以來，作為華東生態屏障區和全國重要的水源保護區，為了保護生態環境，六安人民犧牲發展速度，先後實施大規模的護林造林、自然保護區建設。新形勢下，黨員幹部堅守初心，就要彰顯紅色基因、宣導奉獻精神、砥礪頑強意志，始終對黨忠誠，始終同以習近平同志為核心的黨中央保持高度一致。

　　激揚初心，增強繼續前進的活力。新形勢下，我們黨還要進行具有許多新的歷史特點的偉大鬥爭。要贏得偉大鬥爭的勝利，就要激揚

初心，使崇高的理想信念成為黨員幹部的立身之本、成事之基、動力之源。近年來，六安堅持把抓好黨建作為最大的政績，在黨建中用好紅色資源，不斷增強黨員幹部繼續前進的活力。實踐中，大力開展老區精神集中宣傳月、黨史宣傳日和領導幹部黨史教育日等系列活動，努力做到紅色信仰牢牢記、紅色故事人人講、紅色基因代代傳；認真開展「講看齊、見行動」學習討論，促使黨員幹部不斷增強「四個意識」，堅決維護以習近平同志為核心的黨中央的權威；在領導幹部中開展以傳承紅色基因、建設優良家風為主題的家風建設活動，不斷織密責任網、監督網；在反腐倡廉建設中充分發揮紅色廉政文化和紅色教育基地的作用，加強對「一把手」的有效監管、對黨員幹部「八小時以外」的監督管理；等等。這些舉措，推動管黨治黨從寬鬆軟走向嚴緊硬，使黨員幹部築牢信仰之基、補足精神之鈣、把穩思想之舵，努力為讓人民群眾過上更加幸福美好的生活而奮鬥。

《人民日報》（2017 年 01 月 13 日　07 版）

推動全面從嚴治黨向縱深發展

石仲泉

　　習近平同志在省部級主要領導幹部「學習習近平總書記重要講話精神，迎接黨的十九大」專題研討班開班式上的重要講話（以下簡稱「7‧26」重要講話），對加強黨的建設作出許多重要論述。他強調：「黨要團結帶領人民進行偉大鬥爭、推進偉大事業、實現偉大夢想，必須毫不動搖堅持和完善黨的領導，毫不動搖推進黨的建設新的偉大工程，把黨建設得更加堅強有力」「全面從嚴治黨永遠在路上」。這些重要論述，是習近平同志在我國發展站到新的歷史起點上、中國特色社會主義進入新的發展階段的時代背景下對全面從嚴治黨發出的新號召和動員令。我們要深入學習貫徹習近平同志重要講話精神，推動全面從嚴治黨向縱深發展，把黨建設得更加堅強有力。

黨的建設面臨的新形勢要求推動全面從嚴治黨向縱深發展

　　黨的十八大以來，黨的建設新的偉大工程取得了重大成就。習近平同志在「7‧26」重要講話中指出：我們全面加強黨的領導，大大增強了黨的凝聚力、戰鬥力和領導力、號召力。我們堅定不移推進全面從嚴治黨，著力解決人民群眾反映最強烈、對黨的執政基礎威脅最大的突出問題，形成了反腐敗鬥爭壓倒性態勢，黨內政治生活氣象

更新，全黨理想信念更加堅定、黨性更加堅強，黨自我淨化、自我完善、自我革新、自我提高能力顯著提高，黨的執政基礎和群眾基礎更加鞏固，為黨和國家各項事業發展提供了堅強政治保證。在全面從嚴治黨已經取得重大成就的情況下，為什麼還要繼續推動全面從嚴治黨向縱深發展呢？這是因為全面從嚴治黨依然任重而道遠，我們決不能因為取得重大成就就沾沾自喜、盲目樂觀。在中國特色社會主義進入新的發展階段後，全面從嚴治黨仍然必須向縱深發展。

　　黨面臨的執政環境的複雜性要求推動全面從嚴治黨向縱深發展。當前，全面建成小康社會正處於決勝階段，中國特色社會主義發展正處於關鍵時期，中華民族偉大復興也正處於關鍵時期。在這樣一個決勝階段和關鍵時期，各種矛盾疊加，各種風險隱患集聚，我們前進的路上有各種各樣的「攔路虎」「絆腳石」，黨面臨的執政環境相當複雜，影響黨的先進性、弱化黨的純潔性的各種因素也相當複雜。在這樣的國內外形勢下，在這樣的執政環境中，我們必須推動全面從嚴治黨向縱深發展，把黨建設得更加堅強有力，使我們黨能夠團結帶領人民有力應對重大挑戰、抵禦重大風險、克服重大阻力、解決重大矛盾。如果在全面從嚴治黨取得重要階段性成果時就沾沾自喜而不思進取，我們黨就不可能有效應對「四大考驗」、克服「四種危險」。

　　從根本上解決黨內存在的深層次問題要求推動全面從嚴治黨向縱深發展。黨內存在的深層次問題是多方面的，包括怎樣在各種思想文化交流交融交鋒日益頻繁的新形勢下，始終堅持馬克思主義指導地位，使廣大黨員不斷堅定對馬克思主義的信仰、對社會主義和共產主義的信念；怎樣增強黨內政治生活的政治性、時代性、原則性、戰鬥性，反對黨內政治生活庸俗化、隨意化、平淡化，讓批評和自我批評

成為黨內政治生活的常態；怎樣解決一些地方特別是一些基層單位黨的領導弱化和組織渙散、紀律鬆弛的問題；等等。黨內存在的這些深層次問題，不是一天兩天形成的，解決這些問題也絕非一朝一夕之功。比如，當前嚴肅黨內政治生活、淨化黨內政治生態雖然已經有了「起勢」，但還沒有形成「定勢」；許多方面已經取得了「優勢」，但還沒有達到「勝勢」。這就需要乘勝前進、順勢而為，繼續推動全面從嚴治黨向縱深發展。

　　防止已經初步解決的問題反彈回潮要求推動全面從嚴治黨向縱深發展。已經初步解決的問題有可能反彈回潮，這是全面從嚴治黨必須高度重視的問題。習近平同志指出：一些老問題死灰復燃、反彈回潮的隱患依然存在。2017 年 1 月，十八屆中央紀委七次全會審議通過的工作報告《推動全面從嚴治黨向縱深發展，以優異成績迎接黨的十九大召開》也指出：有的部門和單位，無視中央八項規定精神，「四風」問題禁而不絕，潛入地下的享樂奢靡和公款吃喝等老問題依然存在，隱形變異的腐敗現象還在潛滋暗長。習近平同志在「7•26」重要講話中強調，不能因為黨的十八大以來全面從嚴治黨取得的成果而沾沾自喜、盲目樂觀。如果我們讓已經初步解決的問題死灰復燃、反彈回潮，那就會失信於民，我們黨就會面臨更大的危險。只有推動全面從嚴治黨向縱深發展，才能防止已經初步解決的問題死灰復燃、反彈回潮。

把全面從嚴治黨的思路舉措搞得更加科學、更加嚴密、更加有效

　　習近平同志在「7•26」重要講話中強調：「全黨要堅持問題導向，

保持戰略定力，推動全面從嚴治黨向縱深發展，把全面從嚴治黨的思路舉措搞得更加科學、更加嚴密、更加有效，確保黨始終同人民想在一起、幹在一起，引領承載著中國人民偉大夢想的航船破浪前進，勝利駛向光輝的彼岸。」在中國特色社會主義新的發展階段，我們尤其要把思想建黨和制度治黨的思路舉措搞得更加科學、更加嚴密、更加有效，推動全面從嚴治黨向縱深發展。

把思想建黨的思路舉措搞得更加科學、更加嚴密、更加有效。在新的發展階段，思想建黨要注意做好兩方面的工作。一是把思想理論建設的思路舉措搞得更加科學、更加嚴密、更加有效，進一步用馬克思主義中國化最新成果武裝全黨。習近平同志在「7‧26」重要講話中指出：「我們堅持和發展中國特色社會主義，必須高度重視理論的作用，增強理論自信和戰略定力。」黨的十八大以來，以習近平同志為核心的黨中央在堅持馬克思主義基本原理的基礎上，以更寬廣的視野、更長遠的眼光來思考和把握我們國家發展面臨的一系列重大戰略問題，不斷推進理論創新，開闢了馬克思主義發展新境界，形成了馬克思主義中國化最新成果。在新的發展階段，全面從嚴治黨尤其需要用馬克思主義中國化最新成果武裝全黨，進一步增強道路自信、理論自信、制度自信、文化自信。二是把理想信念教育的思路舉措搞得更加科學、更加嚴密、更加有效，進一步用堅定理想信念煉就共產黨人的「金剛不壞之身」。堅定理想信念，堅守共產黨人精神追求，始終是共產黨人安身立命的根本。只有理想信念堅定，才能在大是大非面前旗幟鮮明，在風浪考驗面前無所畏懼，在各種誘惑面前立場堅定，在關鍵時刻靠得住、信得過、能放心。要根本解決黨內存在的一些深層次問題，防止已經初步解決的問題反彈回潮，必須從加強理想信念

教育入手。理想信念問題具有長期性，即使一時解決了，也不等於永遠、徹底解決。推動全面從嚴治黨向縱深發展，必須把堅定理想信念擺在重要位置。

把制度治黨的思路舉措搞得更加科學、更加嚴密、更加有效。在新的發展階段，制度治黨尤其需要注意三個方面。一是在總的指導方針上繼續堅持標本兼治，完善黨內法規制度體系。標本兼治是我們黨管黨治黨的一貫要求。習近平同志強調：「要堅持治標不鬆勁，不斷以治標促進治本，既猛藥去疴、重典治亂，也正心修身、涵養文化，守住為政之本。」在新的發展階段，推動全面從嚴治黨向縱深發展，必須繼續堅持「標本兼治」，構建長效機制，完善黨內法規制度體系，不斷增強全面從嚴治黨的系統性、創造性、實效性。二是把黨內政治生活的思路舉措搞得更加科學、更加嚴密、更加有效。嚴肅黨內政治生活是黨的建設中帶有根本性、基礎性的問題。一段時間，管黨治黨之所以失之於寬、失之於鬆、失之於軟，一個重要原因就在於沒有嚴肅的黨內政治生活，沒有嚴明的紀律規矩。黨的十八大以來，經過幾年努力，黨內政治生活有了新氣象，但仍然存在一些亟待解決的問題。應進一步加強制度建設，加強和規範黨內政治生活，進一步嚴明政治紀律和政治規矩，使管黨治黨走向嚴緊硬。三是把反腐敗鬥爭的思路舉措搞得更加科學、更加嚴密、更加有效。黨的十八大以來，我們通過制度建設加強對權力運行的制約和監督，把權力關進制度的籠子，努力形成不敢腐的懲戒機制、不能腐的防範機制、不易腐的保障機制。新形勢下，黨中央決定深化國家監察體制改革，整合反腐敗力量，制定國家監察法，設立國家監察委員會，構建集中統一、權威高效的監察體系。這是在新的發展階段推動全面從嚴治黨向縱深發展

的重要任務。

深刻認識全面從嚴治黨永遠在路上

「全面從嚴治黨永遠在路上」，這是習近平同志在「7‧26」重要講話中再次向全黨作出的鄭重宣示。黨的十八大以來，以習近平同志為核心的黨中央對管黨治黨的認識不斷深化，從提出作風建設永遠在路上，到提出黨風廉政建設和反腐敗鬥爭永遠在路上，再到提出全面從嚴治黨永遠在路上，都體現了黨中央對管黨治黨規律的深刻把握。

全面從嚴治黨永遠在路上是由黨的性質和擔負的歷史使命決定的。中國共產黨是中國工人階級的先鋒隊，同時是中國人民和中華民族的先鋒隊。要保持先鋒隊的特質永不變色，確保我們黨永葆旺盛生命力和強大戰鬥力，就要同一切影響先進性、弱化純潔性的問題作鬥爭。這就必須堅持全面從嚴治黨永遠在路上。黨的十八大以來，黨中央一再號召全黨要為實現「兩個一百年」奮鬥目標和中華民族偉大復興的中國夢而奮鬥。習近平同志在「7‧26」重要講話中指出：「2020年全面建成小康社會後，我們要激勵全黨全國各族人民為實現第二個百年奮鬥目標而努力，踏上建設社會主義現代化國家新征程，讓中華民族以更加昂揚的姿態屹立於世界民族之林。」這樣艱巨而光榮的歷史使命，決定了必須堅持全面從嚴治黨永遠在路上。

全面從嚴治黨永遠在路上是由黨的執政地位和執政基礎決定的。中國共產黨成為執政黨，是歷史和人民的選擇。我們黨執政的基礎和力量的源泉在於廣大人民。「四風」等不良風氣如果不堅決剎住，就會像一座無形的牆把黨和人民群眾隔離開，敗壞黨風政風，損害黨的

執政地位和執政基礎。堅持全面從嚴治黨，就是要厚植黨的執政基礎，使我們黨永遠贏得人民群眾信任和擁護，使黨的事業始終擁有不竭的力量源泉。

　　全面從嚴治黨永遠在路上是由「四個偉大」的有機統一決定的。習近平同志在「7·26」重要講話中提出要進行偉大鬥爭、建設偉大工程、推進偉大事業、實現偉大夢想。「四個偉大」是有機統一的整體，離開建設偉大工程，就不可能進行偉大鬥爭、推進偉大事業、實現偉大夢想。在新的發展階段，我們必須以更大力度推進黨的建設新的偉大工程，推動全面從嚴治黨向縱深發展，提高黨的領導水準和執政水準，確保黨始終成為中國特色社會主義事業的堅強領導核心。新形勢下，最重要的就是要堅持黨中央的集中統一領導，在各級黨組織和廣大黨員、幹部中強化政治意識、大局意識、核心意識、看齊意識，確保在思想上政治上行動上始終同以習近平同志為核心的黨中央保持高度一致，更好進行偉大鬥爭、推進偉大事業、實現偉大夢想。

　　　　　　　　　　　《人民日報》（2017 年 08 月 24 日　07 版）

全面從嚴治黨永遠在路上

戴焰軍

在省部級主要領導幹部「學習習近平總書記重要講話精神，迎接黨的十九大」專題研討班開班式上，習近平同志指出，全面從嚴治黨永遠在路上。這是在黨的十九大即將召開的重要時刻向全黨發出的全面從嚴治黨新動員令，我們要深入學習領會、認真貫徹落實。

全面從嚴治黨取得不平凡成就

黨的十八大以來的 5 年，是黨和國家發展進程中很不平凡的 5 年。5 年來，黨中央科學把握當今世界和當代中國的發展大勢，順應實踐要求和人民願望，推出一系列重大戰略舉措，出臺一系列重大方針政策，推進一系列重大工作，解決了許多長期想解決而沒有解決的難題，辦成了許多過去想辦而沒有辦成的大事。其中，全面從嚴治黨取得的不平凡成就是十分突出的一個方面。正如習近平同志指出的，我們堅定不移推進全面從嚴治黨，著力解決人民群眾反映最強烈、對黨的執政基礎威脅最大的突出問題，形成了反腐敗鬥爭壓倒性態勢，黨內政治生活氣象更新，全黨理想信念更加堅定、黨性更加堅強，黨自我淨化、自我完善、自我革新、自我提高能力顯著提高，黨的執政基礎和群眾基礎更加鞏固，為黨和國家各項事業發展提供了堅強政治

保證。

中國共產黨是一個擁有 8900 多萬黨員、在一個 13 億多人口的大國執政的黨，黨的形象和威望如何，黨的創造力凝聚力戰鬥力如何，不僅直接關係黨的前途命運，而且直接關係國家和民族的前途命運。在新的歷史條件下堅持和發展中國特色社會主義，我們黨面臨的「四大考驗」是長期的、複雜的、嚴峻的，「四種危險」更加尖銳地擺在全黨面前。面對新形勢新任務和新情況新要求，應該如何推進黨的自身建設？以習近平同志為核心的黨中央給出了明確答案：從錯綜複雜的矛盾中找出主要矛盾，從人民群眾反映最強烈、對黨的執政基礎威脅最大的突出問題抓起，將思想建黨和制度治黨緊密結合起來。

黨的十八大以來的 5 年，我們黨高度重視理想信念教育，結合世情國情黨情的新變化，針對黨員幹部的思想困惑，開展了黨的群眾路線教育實踐活動、「三嚴三實」專題教育和「兩學一做」學習教育，將發揚黨的優良作風與弘揚中華優秀傳統文化結合起來，高揚黨的精神旗幟，帶領全黨堅定共產主義遠大理想和中國特色社會主義共同理想；堅持「打虎」「拍蠅」「獵狐」一起抓，以刮骨療毒、猛藥去屙的決心推進反腐敗鬥爭；把規矩和紀律挺在前面，帶領全黨共同維護黨規黨紀的權威性和嚴肅性，將黨規黨紀作為判斷各級黨組織和黨員幹部表現的準則和解決黨內問題的規則。這不平凡的 5 年，黨的思想建設、組織建設、作風建設、反腐倡廉建設、制度建設協同推進，全面從嚴治黨取得了不平凡的成就。

全面從嚴治黨依然任重道遠

　　黨的十八大以來全面從嚴治黨取得的不平凡成就，得到了廣大人民群眾的衷心擁護和普遍讚譽。在這樣的成就面前，習近平同志語重心長地告誡全黨：對黨的十八大以來全面從嚴治黨取得的成果，人民群眾給予了很高評價，成績值得充分肯定，經驗值得深入總結。但是，我們決不能因此而沾沾自喜、盲目樂觀。全面從嚴治黨依然任重道遠。

　　黨的十八大以來的 5 年，每當全面從嚴治黨推進到一個新的高度，習近平同志都會提醒全黨要正確認識下一步任務的艱巨性。比如，在作風建設取得階段性成果的時候，他指出：「歷史經驗告訴我們，作風問題最容易反彈，如果不緊緊抓住，一些已經初步壓下去的問題很可能死灰復燃。經過教育實踐活動，「四風」問題蔓延的態勢得到遏制。但是，我們必須看到，這其中很多還停留在治標的層面上，病原體並沒有根除；還有一些是因為不敢才有所遏制的，不能、不想的問題遠遠沒有解決。」又如，在反腐敗鬥爭推進到膠著狀態時，他強調：「現在，腐敗和反腐敗呈膠著狀態，主要是指我們在實現不敢腐、不能腐、不想腐上還沒有取得壓倒性勝利，腐敗活動減少了但並沒有絕跡，腐敗分子被震懾住了但還在窺測方向甚至困獸猶鬥，反腐敗體制機制建立了但還不夠完善，思想教育加強了但思想防線還沒有築牢，減少腐敗存量、遏制腐敗增量、重構政治生態的工作艱巨繁重。」

　　對全面從嚴治黨艱巨性、複雜性、長期性的充分認識，是建立在對世情國情黨情深刻分析的基礎上的。從全面從嚴治黨的任務要求看，儘管全面從嚴治黨取得了不平凡的成就，但我們黨長期執政的外部環境沒有變，我們黨面臨的「四大考驗」和「四種危險」依然存在。習

近平同志在黨的十八屆六中全會第二次全體會議上的重要講話，對我
們黨面臨的環境及任務的複雜性作出深刻的分析和闡述。他指出：「我
們也清醒認識到，我們黨面臨的執政環境是複雜的，黨員隊伍構成是
複雜的，影響黨的先進性、弱化黨的純潔性的因素也是複雜的，黨內
存在的一些深層次問題並沒有得到根本解決，一些老問題反彈回潮的
因素依然存在，還出現了一些新情況新問題。一些黨員幹部對全面從
嚴治黨認識上不到位、思想上不適應、行動上不自覺。」可見，在複
雜多變的國際國內環境下，解決好黨內存在的不斷發展變化的突出問
題，有效推進全面從嚴治黨，成功應對「四大考驗」，有效消除「四
種危險」，永遠保持黨的先進性和純潔性，是艱巨複雜的長期任務。

　　應當看到，如果管黨不力、治黨不嚴，人民群眾反映強烈的突出
矛盾和問題得不到及時解決，我們黨執政的基礎就會動搖；如果放任
已經初步解決的問題反彈回潮，那就會失信於民，我們黨就會面臨更
大的危險。正因如此，我們要深刻理解習近平同志作出的全面從嚴治
黨依然任重道遠的科學判斷，對深入推進全面從嚴治黨過程中可能遇
到的新情況、新問題、新挑戰、新困難有足夠的估計和思想準備，從
而始終保持憂患意識，認真貫徹落實好全面從嚴治黨的各項要求。

推動全面從嚴治黨向縱深發展

　　**推動全面從嚴治黨向縱深發展，是習近平同志對全黨提出的新
任務新要求。**他強調，黨要團結帶領人民進行偉大鬥爭、推進偉大事
業、實現偉大夢想，必須毫不動搖堅持和完善黨的領導，毫不動搖推
進黨的建設新的偉大工程，把黨建設得更加堅強有力。只有進一步把

黨建設好，確保我們黨永葆旺盛生命力和強大戰鬥力，我們黨才能帶領人民成功應對重大挑戰、抵禦重大風險、克服重大阻力、解決重大矛盾，不斷從勝利走向勝利。他還指出，實踐使我們越來越深刻地認識到，管黨治黨不僅關係黨的前途命運，而且關係國家和民族的前途命運，必須以更大的決心、更大的勇氣、更大的力氣抓緊抓好。全黨要堅持問題導向，保持戰略定力，推動全面從嚴治黨向縱深發展，把全面從嚴治黨的思路舉措搞得更加科學、更加嚴密、更加有效，確保黨始終同人民想在一起、幹在一起，引領承載著中國人民偉大夢想的航船破浪前進，勝利駛向光輝的彼岸。

　　推動全面從嚴治黨向縱深發展，需要用當代中國馬克思主義武裝全黨、指導工作。我們黨是高度重視理論建設和理論指導的黨，強調理論必須同實踐相統一。我們堅持和發展中國特色社會主義，必須高度重視理論的作用，增強理論自信和戰略定力。新的時代條件下，我們要進行偉大鬥爭、建設偉大工程、推進偉大事業、實現偉大夢想，仍然需要保持和發揚馬克思主義政黨與時俱進的理論品格，勇於推進實踐基礎上的理論創新。時代是思想之母，實踐是理論之源。我們要在迅速變化的時代中贏得主動，要在新的偉大鬥爭中贏得勝利，就要在堅持馬克思主義基本原理的基礎上，以更廣闊的視野、更長遠的眼光來思考和把握國家未來發展面臨的一系列重大戰略問題，在理論上不斷拓展新視野、作出新概括。習近平同志系列重要講話精神和治國理政新理念新思想新戰略，是黨的十八大以來我們黨把馬克思主義基本原理同中國特色社會主義建設實際相結合、推進實踐基礎上的理論創新的集中體現，是馬克思主義中國化的最新成果，開闢了當代中國馬克思主義發展新境界。推進新形勢下黨的建設，推動全面從嚴治黨

向縱深發展，就要用當代中國馬克思主義武裝全黨的思想、指導黨的各項工作。

推動全面從嚴治黨向縱深發展，需要不斷解決黨內存在的突出矛盾和深層次問題。近年來，隨著全面從嚴治黨的不斷推進，黨內存在的一些突出矛盾和深層次問題越來越明顯地暴露出來。例如，一些黨組織的政治功能弱化、政治核心作用沒有充分發揮出來，對黨員幹部的教育管理失之於寬、失之於鬆、失之於軟，致使個人主義、分散主義、享樂主義、拜金主義等歪風邪氣在一些黨員幹部中滋生蔓延，極少數人墮落為腐敗分子。推動全面從嚴治黨向縱深發展，全黨要深入貫徹落實《關於新形勢下黨內政治生活的若干準則》，緊緊盯住、抓緊解決黨內存在的突出矛盾和深層次問題，不斷錘煉黨性、砥礪品格，煉就共產黨人的「金剛不壞之身」，形成風清氣正的黨內政治生態，從而始終保持黨的先進性和純潔性。

推動全面從嚴治黨向縱深發展，需要認真總結全面從嚴治黨的寶貴經驗。黨的十八大以來，黨的建設取得的重大進展，尤其是在抓黨風廉政建設方面取得的重大成果，是推動全面從嚴治黨向縱深發展的現實基礎和有利條件。不斷鞏固和發展這些實踐成果，需要認真總結全面從嚴治黨的寶貴經驗。這些寶貴經驗是以習近平同志為核心的黨中央帶領全黨在實踐中艱苦探索的結晶，其科學性和有效性已經得到了充分證明，對於推動全面從嚴治黨向縱深發展具有十分重要的指導意義。

《人民日報》（2017 年 08 月 16 日　07 版）

永不僵化的政黨永遠年輕

葉　帆

中國共產黨已經走過 96 年歷程。96 年對於一個人來說已過耄耋之年，對於一個政黨來說也稱得上「百年老黨」，但今天的中國共產黨依然洋溢著青春活力，恰風華正茂。是什麼鑄就了這樣一個青春永駐的政黨？是永不僵化的自我警醒。這對立志於中華民族千秋偉業的中國共產黨來說，尤為重要。

一個有著悠久歷史的政黨最怕什麼？最怕僵化。世界上許多老黨，都是因為僵化而老化，逐漸失去生命力，最終被時代淘汰、被人民拋棄。我們黨對此一直保持高度警惕。在黨的十九大報告中，習近平同志再次強調全黨同志一定要「永不僵化」。96 年的歷史證明，我們黨正是因為永不僵化才永遠年輕。

僵化往往首先表現在思想上，永不僵化首先是思想不能僵化。思想僵化者，迷信本本、信奉教條，不顧國情實際、無視時代變化，沒有理論自覺也沒有理論勇氣去說老祖宗沒說過的新話，生怕在思想上越雷池一步。我們黨在歷史上也曾吃過這樣的虧，所以對本本主義、教條主義等特別防範，把解放思想上升到思想路線的高度去看待。解放思想的核心是進行理論創新。世界上很少有政黨能像中國共產黨這樣重視理論創新，使理論創新成為黨 96 年歷史中的一條主線。從毛澤東思想到鄧小平理論、「三個代表」重要思想、科學發展觀，到習近

平新時代中國特色社會主義思想，我們黨立足中國國情、聆聽時代聲音，讓自己的理論永遠跟上時代，使自己的思想永不僵化。今天，我們深入學習領會習近平新時代中國特色社會主義思想，強烈的時代氣息撲面而來。中國共產黨的青春活力，首先就體現在思想永不僵化上。

　　思想影響體制，體制是思想的制度化。思想僵化往往帶來體制僵化，思想解放能讓體制充滿活力。世界上的許多政黨，都是因思想僵化而導致體制僵化，最終導致自身老化。中國共產黨始終堅持理論和實踐的統一，從不讓理論創新止步於思想環節，解放思想的目的就是為了推動體制改革、防止體制僵化。改革開放以解放思想為先聲，緊隨其後的是各方面體制改革。改革，歸根結底是改體制。改革只有進行時，沒有完成時，這是我們黨對待改革的態度。黨的十八大以來，以習近平新時代中國特色社會主義思想為指導，我們黨堅持全面深化改革，堅決破除各方面體制弊端，決心之大、舉措之多、變革之深、影響之廣前所未有。黨的十九大報告又列出各方面體制改革的清單。當代中國共產黨有許多標識，而銳意改革無疑是極為鮮明的標識。這樣的政黨，怎麼可能老化？

　　再深入看，體制僵化背後往往有利益固化的影子，大都隱藏著一批既得利益者。僵化的體制雖然是整個社會的枷鎖，卻是既得利益者的溫床，既得利益者通過維護僵化的體制不斷固化自己的利益。所以，體制弊端容易看清，但體制改革殊為不易。世界上一些政黨人亡政息，不是看不清體制僵化的弊端，而是看清了卻無法突破利益固化的藩籬。當前西方政黨政治遭遇各種困境，黨爭無休無止，重要原因也是利益固化。我們黨為什麼能堅決破除各方面體制弊端？因為我們黨除了人民利益，沒有自身的特殊利益。中國共產黨人的初心和使命，就是為

中國人民謀幸福，為中華民族謀復興。沒有私利的中國共產黨能從民族和人民的整體利益出發，打破利益固化的藩籬，推進體制改革。所以，習近平同志說，「只有不忘初心、牢記使命、永遠奮鬥，才能讓中國共產黨永遠年輕」。這就從根本上闡明了中國共產黨永不僵化、永遠年輕的奧秘，也是面向未來對全黨提出的重要要求。

永不僵化，集中體現了中國共產黨勇於自我革命的鮮明品格。能夠這樣勇於自我革命的政黨，舉世無雙！黨的十九大報告把「勇於自我革命」寫入新時代黨的建設總要求。一個勇於自我革命的政黨必然永不僵化，一個永不僵化的政黨註定永遠年輕。

《人民日報》（2017 年 12 月 01 日　07 版）

勇於自我革命是黨最鮮明的品格

曹　平

　　1945 年，在延安窯洞，毛澤東同志和黃炎培先生進行了一段關於歷史週期律的著名對話，堅信中國共產黨一定能夠跳出歷史週期律。當年，他們聚焦的就是中國共產黨執政後將面臨的新情況新問題。

　　如今，走過九十六載風雨征程，歷經苦難與輝煌，中國共產黨恰是風華正茂，愈發朝氣蓬勃。回首黨的奮鬥歷程，有危難之際的柳暗花明，有磨難面前的百折不回，有失誤之後的撥亂反正，是什麼讓中國共產黨永不僵化、永不停滯，不斷展現新風采、新面貌？答案就是勇於自我革命。中國共產黨敢於直面問題，不斷提高自我淨化、自我完善、自我革新、自我提高能力，以光輝實踐破解歷史週期律。

　　習近平同志在黨的十九大報告中強調：「勇於自我革命，從嚴管黨治黨，是我們黨最鮮明的品格。」從哲學意義上講，「革命」是事物的質變和飛躍，「自我革命」是主體自覺進行自我揚棄的過程。自我革命，意味著勇於堅持真理，隨時修正錯誤；意味著不斷提升自我，確保肌體的健康與活力。這是一個成熟大黨保持自身先進性純潔性、永葆旺盛生命力的重要途徑和根本保障，也是中國共產黨區別於其他政黨的鮮明特質和獨特優勢。

　　勇於自我革命蘊含著我們黨的高超政治智慧。我們黨深知，要實現長期執政，必須破解興衰治亂的歷史性命題。堡壘最易從內部攻破，

真正能打倒我們的只有我們自己。只有以強烈的自我革命精神，堅持不懈同自身存在的問題和錯誤作鬥爭，才能跳出歷史週期律，築牢自身堡壘，給自身輸入源源不斷的活力、動力。這體現了我們黨把握歷史規律的高超政治智慧。正是運用這一智慧，我們黨建立起一整套自我革新的內部體制機制。特別是黨的十八大以來，我們黨直面管黨治黨寬鬆軟問題，出臺一系列準則、條例、規範來嚴肅黨內生活、加強黨內監督，發揮巡視巡察利劍作用，不斷提高排毒殺菌、強身健體的政治免疫力，全面從嚴治黨成效卓著。

　　勇於自我革命展現我們黨的無私與勇氣。自我革命是刮骨療毒、壯士斷腕、再塑肌體，是拿起手術刀給自己動手術。這其中必然要觸及深層次矛盾問題，必然要革除積存多年的頑瘴痼疾。環顧當今世界上的政黨，唯有中國共產黨有這份洞察自身問題的清醒和刀刃向內的勇氣。這種勇氣從哪裡來？習近平同志一語中的：「我們黨之所以有自我革命的勇氣，是因為我們黨除了國家、民族、人民的利益，沒有任何自己的特殊利益。不謀私利才能謀根本、謀大利，才能從黨的性質和根本宗旨出發，從人民根本利益出發，檢視自己；才能不掩飾缺點、不回避問題、不文過飾非，有缺點克服缺點，有問題解決問題，有錯誤承認並糾正錯誤。」「不私，而天下自公。」作為馬克思主義政黨，我們黨代表的是最廣大人民的根本利益。黨的宗旨是全心全意為人民服務，「全心全意」意味著不能有半點私心，不含有一點雜質。因而，對人民利益有益的，就毫不動搖地堅持；對人民利益不利的，就毫不猶豫地改正。正是這份大公無私，成就了我們黨的非凡勇氣。

　　勇於自我革命彰顯我們黨的使命與擔當。我們黨自成立之日起，就將實現中華民族偉大復興的使命鐫刻在自己的旗幟上。歷經新民主

主義革命、社會主義革命，推進社會主義建設，進行改革開放，我們黨團結帶領中華兒女攻克無數難關，締造偉大奇跡。今日中國的面貌與中國共產黨成立之時相比已有天壤之別，我們比歷史上任何時期都更接近、更有信心和能力實現中華民族偉大復興的目標。行百里者半九十。怎樣走好這關鍵的一段路？歷史昭示我們，沒有中國共產黨的領導，民族復興必然是空想。只有興黨強黨，中國人民才能在黨的堅強領導下朝著既定目標勝利前進。而興黨強黨，必須勇於自我革命。作為中國特色社會主義事業的領航者，中國共產黨深入推進黨的建設新的偉大工程，不斷提高執政能力和領導水準，始終成為實現中華民族偉大復興的堅強領導核心。

《人民日報》（2017 年 12 月 14 日　07 版）

著力在革命性鍛造中興黨強黨

陳東恒

　　作為一個有近百年歷史的馬克思主義政黨，我們黨的一個偉大之處就在於敢於直面問題、勇於自我革命。習近平同志在黨的十九大報告中提出「黨在革命性鍛造中更加堅強」，強調「勇於自我革命，從嚴管黨治黨，是我們黨最鮮明的品格」。這是對我們黨管黨治黨優良傳統的深刻總結。在新時代深入推進黨的建設新的偉大工程，必須保持勇於自我革命的品格，著力在革命性鍛造中興黨強黨。

　　物必自腐而後蟲生，堡壘最容易從內部攻破。歷史證明，一個政黨的生死存亡，最主要的不是取決於外部條件，而是取決於政黨本身。中國共產黨人始終不忘馬克思主義政黨重視自我革命的優良傳統。鄧小平同志指出：「我們黨經歷過多次錯誤，但是我們每一次都依靠黨而不是離開黨糾正了自己的錯誤。」習近平同志強調：「勇於自我革命，是我們黨最鮮明的品格，也是我們黨最大的優勢。」這種自我革命的品格深深融入黨的血液，成為黨發展壯大的鮮亮底色。我們黨成立90多年來，正是不斷通過革命性鍛造，有效解決黨內存在的突出問題，鑄就了金剛不壞之身。當前，我們黨面臨「四大考驗」，需要克服「四種危險」。只有始終保持勇於自我革命的品格，著力進行革命性鍛造，才能保持黨的先進性和純潔性，落實新時代黨的建設總要求。

　　堅持在革命性鍛造中堅定信仰信念、保持初心初衷。不忘初心，

方得始終。有了對理想信念的堅定追求，就有了正視自我、淨化自我的堅定意志，就有了在驚濤駭浪中奮勇前進的「定海神針」。共產主義遠大理想和中國特色社會主義共同理想，是中國共產黨人的精神支柱和政治靈魂，是我們經受住任何考驗的「壓艙石」。當前，社會文化和思潮多元多樣，各種誘惑不少，很容易使人忘記初心、陷入迷茫。要把堅定理想信念作為黨的建設重要任務，使廣大黨員、幹部始終牢記黨的初心，解決好世界觀、人生觀、價值觀這個「總開關」問題，挺起中國共產黨人的精神脊樑，自覺做共產主義遠大理想和中國特色社會主義共同理想的堅定信仰者和忠實實踐者。

　　堅持在革命性鍛造中堅定人民立場、永葆政治本色。習近平同志指出：「我們黨之所以有自我革命的勇氣，是因為我們黨除了國家、民族、人民的利益，沒有任何自己的特殊利益。」人民是歷史的創造者，是決定黨和國家前途命運的根本力量。人民立場是我們黨的根本政治立場，以人民為中心是黨的事業發展的根本指向和最終歸宿。無私才能無畏，出以公心才能坦坦蕩蕩。只有始終著眼於最廣大人民根本利益，才能擺脫個人利益、部門利益和地方利益的束縛羈絆，認真對待自身存在的差距和不足，加強黨性修養，永葆共產黨人的政治本色，把我們黨建設得更加堅強有力。

　　堅持在革命性鍛造中發現差距不足、提高能力素質。在新時代，黨員、幹部要完成歷史使命、交出合格答卷，必須有過硬的能力素質。要強化本領恐慌意識，經常對照黨章和黨紀黨規，對照黨的理論和路線方針政策，對照職責要求，對照先進典型，查找差距不足、補足短板弱項。要積極學習實踐，強化戰略思維、歷史思維、辯證思維、創新思維、底線思維、法治思維，學理論、學文化、學科技、學管理，提高

創造性推動工作的能力。要改進工作作風，堅持說實話、謀實事、出實招、求實效，勇於攻堅克難，以釘釘子精神做好各項工作。領導幹部尤其是高級幹部要發揮以上率下的引領作用，堅持以身作則、率先垂範，帶頭從嚴要求自己，帶頭解決自身問題，帶頭提高能力素質，主動擔負起管黨治黨的政治責任。

《人民日報》（2017 年 11 月 09 日　07 版）

第五章

中國共產黨始終注重加強自身能力建設

自覺用科學方法論指導改革發展實踐

杜家毫

掌握和運用科學方法論,是馬克思主義政黨思想理論建設的重要內容,是中國共產黨的一項看家本領,是新形勢下提高領導幹部能力水準的緊迫課題。習近平同志系列重要講話和治國理政新理念新思想新戰略,堅持用馬克思主義立場、觀點、方法研究解決新的實踐課題,堅持並發展了辯證唯物主義、歷史唯物主義的世界觀和方法論,有力回答了當今中國變革和當代世界變化的一系列重大問題,體現了繼承性和創新性、科學性和實踐性、真理力量和人格力量的有機統一,是當代中國最鮮活的馬克思主義。我們要自覺把這一當代中國馬克思主義中蘊含的科學方法論運用到改革發展實踐中,貫穿於建設富饒美麗幸福新湖南的全過程。

強化戰略思維

習近平同志反復強調，戰略問題是一個政黨、一個國家的根本性問題，領導幹部要加強戰略思維、培養戰略眼光。「四個全面」戰略佈局、新發展理念、國家治理體系和治理能力現代化、「一帶一路」倡議等，無不體現了習近平同志審大勢、觀大局、抓大事的宏大戰略思維。各級領導幹部都應牢固樹立全域視野、戰略思維和系統理念，正確處理個體和整體、局部和全域、當前和長遠的關係，不斷增強工作的全域性、前瞻性、系統性。湖南省委、省政府堅決貫徹黨中央決策部署和習近平同志指示要求，立足湖南發展新的歷史方位和階段性特徵，謀劃確定了未來發展的願景、目標、定位、戰略和抓手。這實際上就是一次運用戰略思維的生動實踐。

保持戰略定力

針對進行偉大鬥爭、建設偉大工程、推進偉大事業、實現偉大夢想所面臨的新形勢、新任務、新挑戰，習近平同志一再告誡全黨同志，既要有「亂雲飛渡仍從容」的戰略定力，又要有「不到長城非好漢」的進取精神，做到「風物長宜放眼量」「不畏浮雲遮望眼」。深入學習貫徹習近平同志關於保持戰略定力的重要論述，各級黨組織和黨員領導幹部必須強化「四個意識」，增強政治敏銳性和政治鑒別力，始終在思想上政治上行動上同以習近平同志為核心的黨中央保持高度一致；必須認真踐行新發展理念，牢牢扭住發展這個第一要務不放鬆，一切從實際出發，堅持有所為、有所不為，把握好時度效，防止短期

行為和急功近利；必須切實履行黨管意識形態工作的政治責任，時刻保持頭腦清醒，堅定政治立場，不為噪音所擾、不為歪風所惑、不為暗流所動，真正煉就金剛不壞之身，做到任憑風吹浪打、我自巋然不動。還應看到，定力不是與生俱來的。黨員領導幹部只有不斷加強學習和歷練，敏銳洞察事物、清醒判斷形勢、嚴格自我要求，才能具有強大的思想定力、戰略定力、道德定力。

善用底線思維

　　習近平同志指出，凡事要從壞處準備，努力爭取最好的結果。他還強調，中國是一個大國，決不能在根本性問題上出現顛覆性錯誤；要堅決守住民生底線、嚴守生態紅線；發展決不能以犧牲人的生命為代價；領導幹部要牢記法律紅線不可逾越、法律底線不可觸碰；等等。這些重要論述，都體現了清醒的底線思維和居安思危的憂患意識。近年來，湖南省堅持把底線思維貫穿到全省工作的方方面面，進一步強化風險意識、紅線意識、邊界意識。例如，針對嚴峻複雜的經濟形勢，強調必須守住經濟增速不滑出合理區間的底線和不發生系統性區域性金融風險的底線。又如，作為有色金屬之鄉、煙花爆竹之鄉，強調必須守住不發生重大安全責任事故的底線；作為全國糧食主產區之一，強調必須守住不降低糧食產能的底線；作為全國脫貧攻堅任務較重的省份，強調必須守住不讓一個貧困地區和貧困人口掉隊的脫貧底線；作為中西部重要的生態功能區和生態安全屏障，強調必須守住不以犧牲生態環境換取一時一地經濟增長的生態底線。底線不是高標準，而是基礎性目標；底線一旦被突破，就會潰堤。只有守住底線，才能邁

開腳步，實現更好發展。

樹立問題導向

問題是時代的聲音。習近平同志系列重要講話貫穿著強烈的問題意識和鮮明的問題導向。他強調，中國共產黨人幹革命、搞建設、抓改革，從來都是為了解決中國的現實問題。近年來，我們堅持直面問題，不回避、不遮掩，出實招、破瓶頸，逐步推動解決改革發展穩定中的突出問題。例如，針對創新驅動力不強和開放度不高的突出問題，湖南省鮮明提出實施創新引領、開放崛起戰略。省委全會進行專題研究部署，著力實施「四大創新行動」「五大開放工程」「芙蓉人才計畫」。又如，針對產業轉型升級問題，以推進製造強省五年行動計畫和 20 個工業新興優勢產業鏈行動計畫為抓手，著力建鏈、補鏈、強鏈，構建現代產業體系。堅持問題導向，就是把解決問題作為工作努力方向，把問題導向和目標導向統一起來，瞄著問題去、追著問題走，以改革創新精神破難題、補短板、清障礙，以解決問題、化解矛盾的實際成效彰顯責任擔當、體現能力水準。

堅持精準發力

習近平同志反復宣導精準發力的工作方法，強調改革要扭住關鍵，精準發力；要注意加強城市精細化管理；扶貧開發貴在精準，重在精準，成敗之舉在於精準；等等。近年來，湖南省認真貫徹精準發力的工作方法，突出抓重點、抓關鍵、抓要害，著力提高各項工作的

針對性和實效性。例如，在推進供給側結構性改革方面，圍繞中央部署的「三去一降一補」五大任務，結合湖南實際明確了「去粗取精」去產能、「旁敲側擊」去庫存、「化險為夷」去杠桿、「多措並舉」降成本、「揚長避短」補短板的具體思路，取得了階段性成效。又如，在脫貧攻堅方面，按照「五個一批」「六個精準」等要求，因戶施策、靶向治療，不搞「大水漫灌」。再如，在抓基層黨建方面，減少泛泛而論，梳理出 17 個方面的具體問題，逐一提出有針對性的整改意見。實踐證明，精準發力不僅是一種思維、一種方法，也是一種態度、一種作風。黨員領導幹部必須用心用腦，撲下身子、沉下心來調查研究，善於總結、善於思考、善於揚棄，自覺擺脫思維定式、工作慣性和路徑依賴，把握好宏觀把控與精準發力的度，既不能眉毛鬍子一把抓，也不能當甩手掌櫃、使放手成為放任。

注重久久為功

習近平同志強調，抓任何工作都要有一種久久為功、利在長遠的耐心和耐力；要發揚釘釘子精神，不折騰、不反復，切實把工作落到實處。黨的十八大以來，黨中央狠抓八項規定的貫徹落實，義無反顧、持之以恆，以八項規定「小切口」推動了作風建設「大變局」。黨中央抓經濟建設、抓生態環境保護等工作，同樣貫穿著馳而不息、久久為功的思想。這深刻啟示我們，抓工作不僅要有幹勁，而且要有韌勁，要以「功成不必在我」的胸懷境界，一任接著一任幹，一棒接著一棒跑，一環緊扣一環抓，踏石留印、抓鐵有痕。從 2013 年起，湖南省大力推進湘江保護與治理「一號重點工程」。在具體實施中不搞

急於求成，圍繞分堵源頭、治調並舉、鞏固提高 3 個階段，制定實施 3 個「三年行動計畫」。幾年持續抓下來，取得了階段性重要進展。注重久久為功，必須弘揚科學精神，遵循規律，著眼長遠，一以貫之，絕不能圖一時風光和痛快，更不能為追求轟動效應做出經不起歷史檢驗的事。

抓住「關鍵少數」

「關鍵少數」是習近平同志系列重要講話的一個高頻詞。抓住領導幹部這個「關鍵少數」，既是我們黨治國理政的一條重要經驗，也是行之有效的工作方法。近年來，我們認真貫徹落實習近平同志指示要求，高度重視抓「關鍵少數」，有針對性地開展集中輪訓培訓，優化幹部結構配備，著力補腦子、優路子、強班子。例如，在換屆選舉中，通過召開市州黨委書記換屆座談會、貧困縣黨政正職談心談話會等，面對面指問題、壓擔子、明責任、嚴紀律，確保了省委和市縣鄉領導班子換屆風清氣正、圓滿成功。又如，我們牢牢抓住脫貧攻堅責任制這個牛鼻子，明確省委、省政府主要領導要走遍所有貧困縣，市州委書記、市州長要走遍轄區所有貧困人口集中的鄉鎮，縣市區委書記、縣市區長要走遍轄區所有貧困村，以此引導各級領導幹部撲下身子抓落實。實踐證明，「關鍵少數」之關鍵，不僅在於其關鍵崗位、關鍵地位，更在於其關鍵職責、關鍵影響。只有抓好「關鍵少數」，形成一級抓一級、一級帶一級的示範效應，才能引領「絕大多數」。

凝聚最大公約數

習近平同志強調，把最大公約數找出來，在改革開放上形成聚焦，做事就能事半而功倍；努力尋求全社會意願和要求的最大公約數、畫出民心民願的最大同心圓。越是改革發展進入攻堅期和深水區，越是「兩難」問題增多，就越要確保最大限度地惠及最大多數，調動最大多數人的積極性。近年來，無論是謀劃全省重大戰略、作出重大決策、出臺重要政策，還是完成急難險重攻堅任務，我們都堅持科學民主依法決策，廣泛徵求意見建議，層層進行思想動員，充分凝聚各方面的智慧和力量。實踐證明，找到了最大公約數，謀事就多了支撐，共事就多了平臺，幹事就多了力量，成事就多了希望。

＊＊＊　　＊＊＊

習近平同志系列重要講話和治國理政新理念新思想新戰略蘊含的方法論智慧還有很多，包括歷史思維、創新思維、辯證思維、法治思維等，都需要我們學深悟透、融會貫通並運用到實際工作中。尤其要深刻認識到，馬克思主義的世界觀、人生觀、價值觀與方法論是有機統一的，方法論的背後是「總開關」，是黨性修養、價值追求和品格境界。我們要深入學習貫徹習近平同志系列重要講話精神，自覺堅定地向黨中央看齊，向習近平同志看齊，堅持補鈣壯骨，堅持人民立場，堅持擔當負責，堅持科學精神，堅持深化學習，不斷增強學好用好科學方法論的自覺性，更加奮發有為地做好各項工作，努力建設富饒美麗幸福新湖南。

《人民日報》（2017 年 08 月 25 日　07 版）

旗幟鮮明講政治　營造風清氣正政治生態

彭清華

習近平同志在省部級主要領導幹部學習貫徹十八屆六中全會精神專題研討班上的重要講話，突出強調要旗幟鮮明講政治，深刻闡明了講政治的重要意義、根本目的、基本內涵和實踐要求，把我們黨對講政治的認識提升到了新的高度。我們要深入學習貫徹這一重要講話精神，堅持把講政治擺在首位，把握政治方向，站穩政治立場，不斷提升政治覺悟和政治能力，深入貫徹落實以習近平同志為核心的黨中央各項決策部署，為譜寫祖國南疆繁榮穩定新篇章提供堅強政治保證。

把維護習近平同志核心地位始終放在第一位

習近平同志指出：「我們黨作為馬克思主義政黨，必須旗幟鮮明講政治，嚴肅認真開展黨內政治生活。講政治，是我們黨補鈣壯骨、強身健體的根本保證，是我們黨培養自我革命勇氣、增強自我淨化能力、提高排毒殺菌政治免疫力的根本途徑。」旗幟鮮明講政治，最根本最重要的就是維護習近平同志核心地位、維護黨中央權威。這是第一位的政治要求和政治紀律，也是地方黨委的首要政治責任和組織原則，絕不能有任何含糊。

我們黨的核心是在實際鬥爭中形成的，沒有核心的領導是靠不住

的，形成核心是馬克思主義政黨成熟的重要標誌。遵義會議前，我們黨沒有形成成熟的中央領導集體，沒有形成強有力的領導核心。這是建黨之初黨的事業遭遇挫折、經歷磨難甚至瀕臨失敗危險的重要原因。遵義會議確立了毛澤東同志在黨和紅軍中的領導地位，使黨中央的領導堅強有力，中國革命的面貌才煥然一新。正是在黨中央堅強有力的領導下，一代又一代中國共產黨人團結帶領人民接續奮鬥，中國革命、建設、改革事業才取得了舉世矚目的偉大成就。黨的十八大以來，習近平同志接過歷史的接力棒、舉旗定向、勵精圖治，革故鼎新、激濁揚清，帶領全黨全軍全國各族人民進行具有許多新的歷史特點的偉大鬥爭，開創了中國特色社會主義偉大事業和黨的建設新的偉大工程新局面，在改革發展穩定、內政外交國防、治黨治國治軍等各方面取得了一系列具有重大現實意義和深遠歷史意義的成就，實現了黨和國家事業的繼往開來。確立習近平同志為黨中央的核心、全黨的核心，是我們黨的鄭重選擇。全黨同志特別是黨的領導幹部，必須在維護習近平同志核心地位、維護黨中央權威上始終保持清醒頭腦、做到堅定不移。

　　廣西作為邊疆民族地區，作為百色起義、龍州起義、紅軍長征突破湘江等重大戰役的發生地，既有堅定維護黨中央權威和集中統一領導的光榮傳統，又在維護國家政治安全、邊疆鞏固安寧、民族團結和睦、社會和諧穩定方面承擔著特殊職責，在維護核心問題上必須有更深刻的認識、更自覺的行動。我們始終把維護習近平同志核心地位、維護黨中央權威作為最大的政治、最重要的政治紀律和政治規矩，作為政治生活中最重要的事情，牢固樹立政治意識、大局意識、核心意識、看齊意識，主動對表看齊，確保廣西各項事業發展始終保持正確方向。去年 11 月，我們召開自治區第十一次黨代會，深入學習貫徹

習近平同志系列重要講話精神和治國理政新理念新思想新戰略，緊緊圍繞習近平同志賦予廣西的「三大定位」新使命，把「五位一體」總體佈局、「四個全面」戰略佈局和新發展理念結合廣西實際進行具體化，提出了營造風清氣正的政治生態、團結和諧的社會生態、山清水秀的自然生態，實現與全國同步全面建成小康社會，基本建成面向東盟的國際大通道、西南中南地區開放發展新的戰略支點、「一帶一路」有機銜接的重要門戶，譜寫建黨百年廣西發展新篇章的奮鬥目標，始終在思想上政治上行動上同以習近平同志為核心的黨中央保持高度一致，以實際行動堅決維護習近平同志核心地位。

著力營造風清氣正的政治生態

習近平同志在講話中強調，「共同營造風清氣正的政治生態」。旗幟鮮明講政治能否成為一種高度自覺、一種政治文化，關鍵在於能否形成風清氣正的政治生態。廣西堅決貫徹中央決策部署，將營造風清氣正的政治生態列為「三大生態」之首，作為全區新形勢下加強黨的建設的總目標、總抓手，以落實中央關於推進「兩學一做」學習教育常態化制度化的部署、抓好中央巡視組巡視「回頭看」回饋問題整改為契機，把旗幟鮮明講政治落實到黨的領導、黨的建設和改革發展穩定各項工作中，著力推動全面從嚴治黨向縱深發展。

嚴肅黨內政治生活。營造風清氣正的政治生態，必須從嚴肅黨內政治生活抓起。廣西壯族自治區黨委常委會帶頭落實《關於新形勢下黨內政治生活的若干準則》《中國共產黨黨內監督條例》，堅持民主集中制，經常性談心談話，用好批評和自我批評這個武器，高品質開

好專題民主生活會，充分挖掘廣西豐富的紅色文化和廉政文化資源，大力建設積極向上的黨內政治文化，著力提高黨內政治生活的政治性、時代性、原則性、戰鬥性。全區各級黨組織積極推進「兩學一做」學習教育常態化制度化，嚴格落實「三會一課」、民主生活會、領導幹部雙重組織生活、民主評議黨員等組織生活制度，嚴格黨員教育管理，使黨內政治生活進一步認真起來、嚴肅起來、規範起來。

嚴明黨的紀律和規矩。嚴守政治紀律和政治規矩，是確保政治生態風清氣正的底線和紅線。我們高度重視抓好警示教育，以周永康、薄熙來、郭伯雄、徐才厚、令計畫、蘇榮和發生在廣西的黨員領導幹部嚴重違紀違法案件為反面教材，以案明紀、以案說法，敦促各級領導幹部汲取教訓、引為鑒戒，嚴格落實「四個服從」，始終同以習近平同志為核心的黨中央同心同德同向，做政治上的明白人。

樹立正確選人用人導向。選人用人是無形的令旗、無聲的導向，對一個地方的政治生態有著深刻影響。我們認真落實習近平同志提出的好幹部標準和精準科學選人用人的要求，強化發展、為民、務實、清廉、團結、公正的用人導向，堅持德才兼備、以德為先，堅持五湖四海、任人唯賢，真正把黨和人民需要的好幹部精心培養起來、及時發現出來、合理使用起來，為廣西各項事業發展提供堅強支撐。堅決匡正選人用人風氣，進一步嚴明換屆紀律，確保換屆風清氣正。

持之以恆改進作風。作風是政治生態最直接的體現、最直觀的尺規。為了持之以恆改進作風，去年新一屆廣西壯族自治區黨委班子在選舉產生的當天，就立即召開常委會會議，研究出臺《關於進一步貫徹落實中央八項規定精神的實施辦法》，並組織新當選的自治區黨委常委班子全體成員到百色接受革命傳統和優良作風教育，以實際行動

落實新使命新要求，體現新開局新作風。全區各級黨組織鍥而不捨抓好中央八項規定精神的落實，堅持在做深做細做實上下功夫，嚴肅懲處各種隱形變異的「四風」問題，一個節點一個節點堅守、一個階段一個階段推進，堅決打贏作風建設這場攻堅戰、持久戰，以實實在在的成效取信於民。

堅定不移反對腐敗。腐敗是政治生態最致命的「污染源」。我們始終保持戰略定力和政治定力，保持懲治腐敗的高壓態勢，既嚴肅查處發生在領導機關和領導幹部中的腐敗案件，又在全區開展查處發生在群眾身邊的「四風」和腐敗問題專項工作，專項整治邊境口岸執法人員違規收取「好處費」問題和涉農領域吃拿卡要、雁過拔毛問題，嚴肅懲處了一批「蒼蠅」「蛀蟲」，得到基層群眾廣泛好評。主動適應脫貧攻堅的迫切需要，快查嚴處扶貧領域的突出問題，加強扶貧資金監管，確保扶貧領域風清氣正，既要群眾富起來，又要幹部立得住。

充分發揮「關鍵少數」的示範帶頭作用

習近平同志在講話中突出強調了領導幹部這一「關鍵少數」嚴格自律問題，明確提出「四個注重」的要求。領導幹部是政治生態的風向標，也是落實黨中央決策部署、辦好廣西事情的關鍵，在旗幟鮮明講政治中必須充分發揮示範帶頭作用，興一方事業、化一方風氣。

在增強「四個意識」上作表率。帶頭增強政治意識，堅持以黨的旗幟為旗幟、以黨的方向為方向、以黨的意志為意志，嚴守黨的政治紀律和政治規矩，以實際行動體現對黨絕對忠誠。帶頭增強大局意識，主動把廣西的工作放到黨和國家大局中去思考和定位，不折不扣把中

央各項決策部署落到實處。帶頭增強核心意識，堅決維護習近平同志核心地位、維護黨中央權威，切實做到思想上高度認同、政治上堅決維護、組織上自覺服從、行動上堅定跟隨。帶頭增強看齊意識，積極主動向黨中央看齊，向黨的理論和路線方針政策看齊，向黨中央決策部署看齊，確保中央政令暢通、令行禁止。

在踐行「四個注重」上作表率。以勇於自我革命的精神打造和錘煉自己，注重自覺同特權思想和特權現象作鬥爭，不僅管好自己，還要管好親屬和身邊工作人員；不僅重視個人作風、單位作風、班子作風，還要加強家教、立好家規、樹立良好家風。注重在選人用人上把好方向、守住原則，帶頭執行黨的幹部政策，帶頭抵制用人上的不正之風。注重防範被利益集團「圍獵」，慎獨慎微、慎始慎初，堅持交往有原則、有界限、有規矩。注重自覺主動接受監督，自覺養成在監督中工作和生活的習慣，勇於聽取不同意見，不斷增強拒腐防變能力。

在擔當作為上作表率。廣西是欠發達的邊疆民族地區，改革發展任務十分艱巨繁重，需要各級領導幹部敢於擔當、主動作為，堅持發展這個黨執政興國的第一要務，自覺踐行以人民為中心的發展思想，緊盯制約廣西發展的關鍵領域和瓶頸問題，深入實施創新驅動、開放帶動、雙核驅動、綠色發展「四大戰略」，全力推進基礎設施建設、產業轉型升級、農村全面脫貧「三大攻堅戰」，統籌做好穩增長、促改革、調結構、惠民生、防風險各項工作，一步一個腳印，一年一個臺階，努力把廣西發展的藍圖變成現實，向以習近平同志為核心的黨中央和全區各族人民交出一份合格答卷，以優異成績迎接黨的十九大勝利召開。

《人民日報》（2017 年 04 月 20 日　07 版）

著力提高與履行領導職責相匹配的政治能力

朱生嶺

　　習近平同志在省部級主要領導幹部學習貫徹十八屆六中全會精神專題研討班開班式上發表重要講話，明確提出「注重提高政治能力」的重大命題，要求領導幹部牢固樹立政治理想，正確把握政治方向，堅定站穩政治立場，嚴格遵守政治紀律，加強政治歷練，積累政治經驗，自覺把講政治貫穿於黨性鍛煉全過程，使自己的政治能力與擔任的領導職責相匹配。這一重要論述為領導幹部講政治指明了正確方向和科學路徑，為領導幹部提高政治能力提供了根本遵循。軍隊領導幹部一定要深入學習領會習近平同志重要論述，著力提高與履行領導職責相匹配的政治能力，帶領部隊在強軍興軍的征程中砥礪前行。

充分認識提高政治能力的重大意義

　　領導幹部是「關鍵少數」，是部隊建設的中堅和骨幹，其政治能力如何不僅僅是個人的事情，而是關乎黨和國家事業發展、關係軍隊建設發展。

　　駕馭複雜局面、維護國家政治安全需要提高政治能力。隨著中國特色社會主義事業取得舉世矚目的成就，隨著我國國際地位和國際影響力顯著提高，一些國家的焦慮感不斷上升，採取各種手段加緊對我

國進行意識形態滲透，加緊對我國策動「顏色革命」，加緊實施網上「文化冷戰」和「政治轉基因」工程，我國政治安全面臨西方敵對勢力實施西化、分化戰略圖謀的現實威脅。敵對勢力尤其是把軍隊和武警部隊作為滲透破壞的重點，大肆鼓吹「軍隊非黨化、非政治化」和「軍隊國家化」等錯誤政治觀點，妄圖在我軍這座鋼鐵長城上打開缺口。有效應對意識形態和政治安全領域面臨的各種風險與挑戰，打贏維護國家政治安全的主動仗，需要領導幹部提高政治能力。

全面從嚴治黨、鞏固黨的執政地位需要提高政治能力。黨的執政地位不是與生俱來的，也不是一勞永逸的。歷史使命越光榮，奮鬥目標越宏偉，執政環境越複雜，越要增強憂患意識，越要從嚴治黨。黨的十八大以來，以習近平同志為核心的黨中央把全面從嚴治黨緊緊抓在手上，採取一系列新舉措加大管黨治黨力度，為鞏固黨的執政地位進一步夯實了基礎。但也要清醒地看到，我們黨面臨的執政環境是複雜的，黨員隊伍構成是複雜的，影響黨的先進性、弱化黨的純潔性的因素也是複雜的。有效解決黨內已經存在的突出矛盾和問題，防範新的矛盾和問題滋生，應對和化解黨面臨的「四大考驗」「四種危險」，需要領導幹部提高政治能力。

推進部隊建設發展、實現強軍目標需要提高政治能力。建設一支聽黨指揮、能打勝仗、作風優良的人民軍隊，是黨在新形勢下的強軍目標。強軍目標為軍隊建設、改革和軍事鬥爭準備提供了根本遵循。實現強軍目標，不可能一帆風順。當前，我軍正處在由大向強躍升的歷史關口，軍事鬥爭準備任務十分繁重，軍隊建設內外環境變化十分深刻，風險和挑戰明顯增多。科學把握世界軍事發展新趨勢，毫不動搖地堅持黨對軍隊絕對領導的根本原則和制度，確保部隊在任何時候

任何情況下都堅決聽從黨中央、中央軍委和習主席指揮，需要領導幹部提高政治能力。

強化政治擔當、有效履行職責使命需要提高政治能力。領導幹部政治擔當如何，是黨的事業能否取得成功、軍隊建設能否向前推進的關鍵。就武警部隊而言，使命任務、領導體制、所處環境決定了我們面臨的最大考驗是政治考驗，也決定了廣大領導幹部尤其要強化政治擔當。從容面對透明度高、開放性強的社會環境和執行任務中經常遇到的多樣化利益訴求，堅持從政治上審視和把握部隊行動，需要領導幹部提高政治能力。

正確理解提高政治能力的豐富內涵

黨的十八大以來，習近平同志多次提出政治能力問題。我們要深入學習習近平同志系列重要講話精神，正確理解提高政治能力的豐富內涵。

內涵要義。從內涵要義看，領導幹部的政治能力主要是指其運用政治知識和政治經驗從事政治活動並取得政治績效的能力，主要包括把握方向、把握大勢、把握全域的能力，保持政治定力、駕馭政治局面、防範政治風險的能力。把握方向、把握大勢、把握全域，就是把握好、把握住、把握准前進方向尤其是政治方向，確保各項建設在實踐中不偏向、不迷航；把握事物發展大趨勢，做到因勢而謀、應勢而動、順勢而為；把握全域性目標，樹立全域意識和全域觀念，善於從整體上解決問題。保持政治定力、駕馭政治局面、防範政治風險，就是在思想上政治上行動上排除各種干擾、消除各種困惑，堅持正確立

場，保持正確方向，明辨是非曲直；圍繞一定的政治目標運用科學手段對政治局面進行有效掌控；對各種可能出現的政治風險及其原因都要做到心中有數、對症下藥、綜合施策，力爭把政治風險化解在源頭。

崗位要求。從崗位要求看，領導幹部需要具備與其任職崗位相匹配的政治能力，即牢固樹立政治理想，正確把握政治方向，堅定站穩政治立場，嚴格遵守政治紀律。作為領導幹部，必須把樹牢政治理想作為提高政治能力的根本所在，堅定對馬克思主義的信仰，堅定對共產主義遠大理想和中國特色社會主義共同理想的執著追求；必須把正確把握政治方向作為提高政治能力的第一要務，無論何時何地何種情況下，都要堅持黨對軍隊的絕對領導，堅持以黨的旗幟為旗幟、以黨的意志為意志、以黨的使命為使命；必須把堅定站穩政治立場作為提高政治能力的核心要義，在履職盡責的實踐中貫徹黨的群眾路線，始終做到人民利益、官兵利益至上；必須把嚴格遵守政治紀律作為提高政治能力的內在要求，時刻繃緊政治紀律和政治規矩這根弦，堅決維護以習近平同志為核心的黨中央的權威。

衡量標準。從衡量標準看，領導幹部要具備過硬的政治能力，就要做到政治意識敏銳、政治態度鮮明、政治定力堅強、政治操守堅定、政治擔當果敢、政治考驗合格。政治意識敏銳，主要看是否善於從政治上觀察、分析和解決各種複雜矛盾，是否善於從政治上謀劃、部署和推動各項工作。政治態度鮮明，主要看在大是大非面前能否做到立場堅定、旗幟鮮明。政治定力堅強，主要看在各種政治風險考驗面前能否做到信念不動搖、思想不鬆懈、鬥志不衰退、作風不渙散，永葆共產黨人的政治本色。政治操守堅定，主要看是否具有良好的官德修養，能否用「三嚴三實」要求檢視自己。政治擔當果敢，主要看

能否以舍我其誰、責無旁貸的精神履行職責，以勇立潮頭、奮發爭先的精神開拓創新。政治考驗合格，主要看在重大政治鬥爭面前能否站穩立場、敢於亮劍，在重大原則問題上能否分清是非、劃清界限。

科學把握提高政治能力的方法途徑

政治能力不是與生俱來的，也不會隨著領導幹部職務提升而自然提高。提高政治能力是一項系統工程，也是領導幹部的終身任務，需要貫徹到學習教育、黨性鍛煉、遂行任務等各方面。

在深化政治理論學習中修煉。領導幹部政治能力的提高，首先源於系統的政治理論學習。當前，最根本的是要深化對黨的創新理論特別是習近平同志系列重要講話精神和治國理政新理念新思想新戰略的學習，努力掌握蘊含其中的立場、觀點、方法，打牢提高政治能力的思想基礎和理論基礎。應注重從原文原著入手去深研，以習近平同志系列重要講話學習教材為基本依據，原原本本學習領會，特別是對「軍事篇」「武警篇」要精學深學，切實做到全面把握、融會貫通。注重從理論源頭上去探究，把講話精神放在黨的科學理論發展進程中學習理解，與學習馬克思主義經典著作結合起來。注重從生動實踐中去感悟，聯繫我們黨所領導的偉大鬥爭、偉大事業、偉大工程，聯繫黨、國家和軍隊事業的發展進步，真正帶著感情學、學出感情來，帶著責任學、學出責任來。

在落實最高政治要求中鍛煉。習近平同志強調，堅持黨對軍隊的絕對領導，最緊要的是始終在思想上政治上行動上同黨中央保持高度一致，堅決維護黨中央、中央軍委的權威，一切行動聽從黨中央、中

央軍委指揮。這一條要作為最高的政治要求來遵守，作為最高的政治紀律來維護。當前，把這一最高政治要求落到實處，最根本的就是要忠誠於核心、擁戴核心，堅決維護習近平同志這一黨中央的核心、全黨的核心，做到思想上緊跟、政治上追隨、情感上擁戴、行動上篤行。領導幹部的政治能力，必須在落實這一最高政治要求中得到鍛煉提高。

在嚴肅黨內政治生活中錘煉。領導幹部只有在嚴肅的黨內政治生活中反復錘煉，才能百煉成鋼，進一步提高政治能力。應帶頭執行民主集中制，熟悉民主集中制的規矩，懂得民主集中制的方法，嚴格按程序辦事、按規矩辦事，堅決防止獨斷專行。認真開展批評和自我批評，做到敢批評、真批評。積極參加黨的組織生活，既要帶頭參加「三會一課」、民主評議黨員、談心談話等活動，又要自覺參加雙重組織生活會，如實彙報思想，虛心接受班子成員和黨內外群眾的監督。

在防範各種政治風險中磨煉。面對我國發展面臨的各種風險，領導幹部要不斷提高防範各種風險尤其是政治風險的能力，使自己的政治能力得到進一步磨煉。應保持思想高度警覺，充分估計前進道路上可能遇到的困難和風險，做到知己知彼、知事知源。加強風險調查研判，善於從各種苗頭中甄別信息，查找可能引發風險的各種隱患。進行有效常態防控，把自己職責範圍內的政治風險防控好，不留隱患；當政治風險由隱性向顯性轉化或出現某些徵兆時，要及時進行管控。

在執行重大政治任務中歷練。我們黨從來都是在重大政治任務中、在火熱社會實踐中鍛煉幹部、培養幹部。軍隊作為執行政治任務的武裝集團，其擔負的任務都是政治任務。作為領導幹部，就要把執行重大政治任務作為提高政治能力的「磨刀石」。面對重大政治任務，必須敢於負起責任、挑起重擔，敢於啃「硬骨頭」、涉險灘。在關鍵

時刻要能站出來，面對各種急難險重任務率先垂範、衝鋒在前，以自己的實際行動向黨和人民交出合格答卷。在危急關頭要豁出去，而不是考慮個人的安危、個人的得失、個人的退路，始終把黨、國家和人民的利益擺在首位，真正做到危險面前不畏懼、不怕犧牲打頭陣。

《人民日報》（2017 年 04 月 28 日　07 版）

著力增強戰略思維能力和戰略定力

辛　鳴

　　戰略問題是一個政黨、一個國家的根本性問題。戰略上判斷得準確，戰略上謀劃得科學，戰略上贏得主動，黨和人民事業就能不斷前進。在「7·26」重要講話中，習近平同志強調：「全黨要提高戰略思維能力，不斷增強工作的原則性、系統性、預見性、創造性」「增強理論自信和戰略定力」。中國共產黨歷來重視戰略問題，特別強調提高戰略思維能力、增強戰略定力。這既是統籌推進「五位一體」總體佈局和協調推進「四個全面」戰略佈局的現實要求，也是更好擔當「四個偉大」時代使命的政治自覺。

當代中國發展歷史新方位的現實要求

　　黨的十八大以來，黨和國家事業發生了歷史性變革。儘管社會主義初級階段這個最大國情沒有變、社會主義初級階段這個最大實際不能忘，但我國發展站到了新的歷史起點上，中國特色社會主義進入了新的發展階段，我國社會發展呈現一系列顯著的階段性特徵。推動經濟、政治、文化、社會、生態文明全方位發展，滿足人民群眾多樣化多層次多方面的需求，需要以高超的戰略思維能力進行頂層設計，也需要以戰略定力堅定自信、站穩腳跟。

　　經過近 40 年的改革開放，中國正在從大國向強國邁進。中國不再僅僅是追趕西方大國的欠發達國家，不再僅僅是市場經濟與國際慣例的學徒，而是作為極具活力的發展中大國領跑世界經濟、參與全球治理。中國特色社會主義道路不僅僅意味著中國走出了一條通向現代化的成功之路，而且意味著社會主義在當今世界煥發出強大生機活力並不斷開闢發展新境界，意味著發展中國家走向現代化有了一條與西方不同的現實途徑。這些轉換必然會體現在戰略構建上，賦予戰略思維能力與戰略定力以新的內涵和特點。

　　適應新方位，擔當新使命，就要以更寬廣的視野、更長遠的眼光來思考和把握國家未來發展面臨的一系列重大戰略問題，不斷進行理論創新；就要以更堅定的立場、更科學的方法制定黨和國家大政方針、發展戰略和各項政策，不斷進行制度創新；就要以更堅決的意志、更有力的行動應對重大挑戰、抵禦重大風險、克服重大阻力、解決重大矛盾，不斷進行實踐創新。這對我們黨提高戰略思維能力與增強戰略定力提出了新的更高的要求。

在站得高、看得遠、抓得准、善創新上下功夫

　　戰略思維能力，是高瞻遠矚、統攬全域，善於把握事物發展總體趨勢和方向的能力。站得高、看得遠、抓得准、善創新是戰略思維能力的 4 個突出特點，提高戰略思維能力需要在這 4 個方面下功夫。

　　站得高，就是要站在歷史高位、價值高點、世界高度來觀察、思考和處理問題。正所謂「會當淩絕頂，一覽眾山小」。站得高，就會心中有全域、心中有長遠，做起事情來就能堅守原則，就能舉重若

輕、遊刃有餘。習近平同志說：「善於觀大勢、謀大事，站在國內國際兩個大局、黨和國家工作大局、全面深化改革全域來思考和研究問題。」這裡強調的就是戰略思維能力的站位之高。對於那些從局部看可行、但從全域看不可行的事情堅決不能做，對於那些從局部看不可行、但從全域看可行甚至必行的事情要義無反顧地做。

看得遠，就是要有前瞻性、預見性，善於透過紛繁複雜的表面現象把握事物發展的未來方向。不隨波逐流、隨遇而安，而是「智者見於未萌」，未雨綢繆、有的放矢。習近平同志強調我國發展站到了新的歷史起點上、中國特色社會主義進入了新的發展階段，要求以新的精神狀態和奮鬥姿態把中國特色社會主義推向前進。作出這樣的判斷、提出這樣的要求，就體現了前瞻性和預見性，體現了高超的戰略思維能力。

抓得准，就是要在事物發展變化中抓住主要矛盾和矛盾的主要方面，在戰略應對和戰略實施中抓住重大關係、重點領域和關鍵環節。抓住了主要矛盾和矛盾的主要方面，就能提綱挈領，推動全域發展；抓住了重大關係，就能牽住「牛鼻子」；抓住了重點領域，就能「牽一髮而動全身」；抓住了關鍵環節，就能「一子落而滿盤活」。黨的十八大以來，我們抓住全面建成小康社會的關鍵環節，在精準扶貧上發力，發展的短板正在補齊；抓住全面深化改革的主要矛盾和矛盾的主要方面，圍繞全面深化改革總目標攻堅克難，改革蹄疾步穩；抓住全面依法治國的重大關係，把堅持黨的領導、人民當家作主、依法治國有機統一起來；抓住全面從嚴治黨的重點領域，突出領導幹部這一「關鍵少數」，正風肅紀、反腐倡廉。在推進「四個全面」戰略佈局過程中，處處體現著黨中央的戰略思維能力。

　　善創新，就是要勇於走前人沒有走過的路，善於做他人沒有想到的事。戰略思維能力最終要落實到創新能力上。先人一招則勝，快人一步則強。無論是堅持和發展中國特色社會主義，還是實現中華民族偉大復興的中國夢，都是前所未有的全新實踐，沒有路徑可依、沒有範本可仿，只有靠不斷摸索與創新。正是運用高超的戰略創新能力，中國共產黨帶領中國人民不僅走出了一條屬於自己的道路，還為解決人類問題貢獻了中國智慧、提供了中國方案。

在新的歷史起點上保持自信、堅定和從容

　　今日中國站在新的歷史起點上，面對的問題更加錯綜複雜，同時各種思潮和觀點不斷湧現、泥沙俱下。如果沒有足夠的戰略定力，就容易出現心理上患得患失、行動上猶豫不決、戰略上搖擺不定的問題，就容易隨波逐流、進退失據，甚至迷失行動方向、錯失發展機遇。因此，習近平同志一再告誡全黨同志，要有「亂雲飛渡仍從容」的戰略定力。黨員、幹部要時刻保持頭腦清醒，堅定政治立場，敏銳洞察事物、清醒判斷形勢、嚴格自我要求，任憑風吹浪打，始終保持自信、堅定和從容。

　　在道路、方向、立場等重大原則問題上堅定不移。中國特色社會主義道路是中國共產黨和中國人民歷盡千辛萬苦、付出巨大代價走出來的一條偉大道路，是實現社會主義現代化的必由之路，是創造人民美好生活的必由之路。改革開放近40年的發展成就充分證明了這一點。增強戰略定力，首要的就是高舉中國特色社會主義偉大旗幟，牢固樹立中國特色社會主義道路自信、理論自信、制度自信、文化自信，在

重大原則問題上咬定青山不放鬆，絕不能犯顛覆性錯誤。

在政策的制定和實施中冷靜觀察、謀定後動。政策從制定到實施，會遇到很多障礙、難題。將政策制定好、貫徹下去，考驗著黨員、幹部的戰略定力。當前，全面深化改革進入攻堅期、深水區，各種矛盾相互交織，各種訴求相互碰撞，治國理政的敏感度、複雜度前所未有。越是如此，就越需要增強戰略定力，越需要始終保持頭腦清醒，該改的堅決改、不能改的堅決守住，不為各種錯誤觀點所左右，不為各種干擾所迷惑。

在複雜多變的國際局勢中審時度勢、抓住機遇。習近平同志指出：「我們看世界，不能被亂花迷眼，也不能被浮雲遮眼，而要端起歷史規律的望遠鏡去細心觀望。」面對複雜多變的國際局勢，我們要有足夠的戰略定力和戰略自信，不能因一時一事或某些人、某些國家的言論而受影響，更不能掉入別人故意設置的陷阱。當然，首先要集中精力做好自己的事。要審時度勢、內外兼顧，善於從國際形勢和國際條件的發展變化中把握方向、用好機遇、創造條件，努力發展自己，使自身不斷壯大提高。

增強戰略定力還要把握好「度」。戰略定力並不意味著一成不變，而是要處理好變與不變的關係。改革不僅意味著改變，還意味著堅守；不僅意味著該改的必須改，還意味著不能變的堅決不變。這是改革的辯證法。穩中求進作為工作總基調，穩是前提、是大局，進是方向、是目的。關鍵要在發展的速度、改革的力度、社會的穩定程度、資源環境的可承受度之間找到平衡點，當進則進，宜穩則穩。

加強理論武裝、黨性修養、實踐磨煉

領導幹部做工作要有戰略眼光，拿出一定時間「踱方步」。所謂「踱方步」，就是靜下心來進行戰略思考、涵養戰略定力。每隔一段時間，從工作「熱運行」中抽身出來進行「冷思考」，是領導幹部提高戰略思維能力、增強戰略定力的重要方式。同時，還要通過理論武裝、黨性修養、實踐磨練等途徑，為提高戰略思維能力、增強戰略定力打下堅實的思想基礎、信仰基礎和實踐基礎。

知行合一，用馬克思主義中國化最新成果武裝頭腦。沒有科學理論的指導，就談不上高超的戰略思維能力和強大的戰略定力。習近平同志系列重要講話精神和黨中央治國理政新理念新思想新戰略，內容豐富，涵蓋改革發展穩定、內政外交國防、治黨治國治軍等各方面，構成了一個科學完整的思想理論體系，是馬克思主義中國化最新成果，開闢了當代中國馬克思主義發展新境界，也是我們黨對 21 世紀馬克思主義發展的新貢獻。這就是今天我們提高戰略思維能力、增強戰略定力的可靠理論武裝、寶貴思想基礎。

淬煉黨性，修好共產黨人的「心學」。戰略思維能力背後是立場價值，戰略定力背後是信念意志。離開了人民立場，淡漠了共產黨人的價值追求，喪失了對理想信念的堅守，戰略思維能力和戰略定力就會成為空談。黨員、幹部只有自覺堅持以人民為中心的發展思想，堅定革命理想，以勇於自我革命的精神錘煉自己，才能把戰略思維能力與戰略定力用到實處，為黨和國家事業發展貢獻力量。

實踐磨煉，在腳踏實地中百煉成鋼。「紙上得來終覺淺，絕知此事要躬行。」戰略思維能力和戰略定力是實踐要求很高的素質能力，

需要在實踐中磨煉、在實踐中培養。越是重大關頭，越是複雜環境，越能磨煉戰略思維能力和戰略定力。當代中國正在進行偉大鬥爭、建設偉大工程、推進偉大事業、實現偉大夢想，中國特色社會主義實踐是黨員、幹部提高戰略思維能力、增強戰略定力最好的「磨刀石」。廣大黨員、幹部應在全面建成小康社會的路途上、在建設社會主義現代化國家的征程中自覺磨煉，把戰略思維能力和戰略定力提高到新水準。

《人民日報》（2017 年 09 月 13 日　07 版）

展現我們黨強大的人格力量

熊亮華

　　黨的作風建設是十八大以來全面從嚴治黨的重要切入點和著眼點。習近平同志指出：「我們黨作為馬克思主義執政黨，不但要有強大的真理力量，而且要有強大的人格力量。真理力量集中體現為我們黨的正確理論，人格力量集中體現為我們黨的優良作風。」黨的十八大剛結束，中央政治局就作出八項規定，以作風建設拉開了全面從嚴治黨的序幕。此後，隨著黨的群眾路線教育實踐活動、「三嚴三實」專題教育、「兩學一做」學習教育相繼開展，我們黨不斷以作風建設的新成效彙聚起推動改革發展的強大正能量，黨的作風建設呈現出一些鮮明特點。

　　突出重點、抓住要害，點准穴位、打准靶子。黨的十八大以來，作風建設的每一個重大舉措都有鮮明的主題。這就使作風建設不是泛泛而談、浮在表面，而是點准穴位、打准靶子。比如，群眾路線教育實踐活動突出改進作風這個主題，改進作風又以反「四風」為突破口，以點帶面；「三嚴三實」專題教育突出問題導向，解決領導幹部身上存在的不嚴不實問題；「兩學一做」學習教育把思想教育放在首位，把合格黨員的尺規立起來，有針對性地解決問題。正是因為問題找得准，作風建設才取得了實實在在的成效。

　　堅持從中央做起，層層立標杆、作示範。習近平同志指出，抓作

風建設，首先要從中央政治局做起，要求別人做到的自己先要做到，要求別人不做的自己堅決不做。這是黨的十八大以來作風建設的鮮明特點。中央政治局以身作則，率先制定八項規定，帶頭圍繞落實八項規定進行對照檢查，開展批評和自我批評。在群眾路線教育實踐活動中，中央政治局常委建立聯繫點並全程指導，深入聯繫點與群眾談心。對「三嚴三實」的要求，中央政治局首先當好表率，自覺把「嚴」和「實」的要求體現到堅持正確政治方向上，體現到黨中央重大決策部署上，體現到嚴格要求自己上。在黨中央的示範、帶動下，各地方各部門在開展作風建設時緊緊抓住領導幹部這個「關鍵少數」，層層立標杆、作示範。

　　見事見人，既抓思想引導又抓行為規範。黨的十八大以來，作風建設一方面注重加強理論武裝，促使黨員、幹部提高思想認識、增強黨性；另一方面注重深入查擺剖析，制定整改措施，督促黨員、幹部自覺整改。無論是群眾路線教育實踐活動還是「三嚴三實」專題教育、「兩學一做」學習教育，都堅持見事見人、知行合一，把學習教育貫穿始終、把解決問題貫穿始終，堅持邊學邊查邊改，不斷讓思想自覺引領行動自覺、讓行動自覺深化思想自覺。這一鮮明特點，使作風建設抓得實、做得深、走得遠。

　　組織管理和群眾監督緊密結合，形成強大監督合力。加強作風建設，既靠組織管理，也靠群眾監督。比如，為貫徹落實中央八項規定精神，每逢節假日等重要時間節點，紀檢監察部門都通過下發通知、督導檢查等，一個節點一個節點抓。紀檢監察部門還設立各種舉報平臺，開門搞監督，形成無處不在的監督網。同時，注重強化外力推動，讓群眾參與和監督。黨的十八大以來，作風建設方面的組織管理和群

眾監督都不是虛的，只要發現問題必定執紀問責、嚴肅查處，形成了
高壓態勢。

　　馳而不息、環環相扣，形成長效機制。很多作風問題出現反復
甚至愈演愈烈，癥結就在於缺乏管長遠、固根本的制度。黨的十八大
以來，黨中央相繼出臺黨政機關厲行節約反對浪費、國內公務接待管
理、公務用車改革等一系列制度，發佈實施新修訂的《中國共產黨廉
潔自律準則》《中國共產黨紀律處分條例》等，黨的十八屆六中全會
還通過了《關於新形勢下黨內政治生活的若干準則》和《中國共產黨
黨內監督條例》。這就將解決問題與建章立制相結合、健全制度與執
行制度相結合，推動作風建設標本兼治。

　　　　　　　　　《人民日報》（2017 年 08 月 24 日　07 版）

把黨性鍛煉擺上重要位置

劉智峰

　　黨的十八大以來，全黨「四個意識」不斷增強，黨內政治生活氣象更新，黨內政治生態明顯好轉。全面從嚴治黨之所以能取得顯著成效，與廣大黨員、幹部重視黨性鍛煉密切相關。習近平同志在黨的十九大報告中強調：「全黨要更加自覺地堅定黨性原則」「全黨同志特別是高級幹部要加強黨性鍛煉」。然而，個別黨員、幹部在黨性問題上還存在模糊認識，他們認為黨性是抽象的、虛幻的，創造看得見的政績才是硬道理，因而忽視了自己的黨性鍛煉。這種認識和做法是非常危險的。放鬆黨性鍛煉，就很可能滑入腐化墮落的深淵。大力加強黨的政治建設，必須把加強黨性鍛煉擺在十分重要的位置。

　　1945 年，毛澤東同志在黨的七大上指出，一致的行動，一致的意見，集體主義，就是黨性。我們要使許多自覺的個性集中起來，對一定的問題、一定的事情採取一致的行動、一致的意見，有統一的意志，這是我們的黨性所要求的。由此可知，如果黨員、幹部不服從組織、不服從中央、不執行中央的決策、不遵守黨規黨紀，就是不講黨性。習近平同志指出：「共產黨人無論是想問題、搞研究，還是作決策、辦事情，都必須站在黨和人民立場上，而不能把個人利益放在第一位。這就是共產黨人的黨性原則。」因此，黨性絕不是抽象的、虛幻的，它具體體現在貫徹落實黨中央的決策部署上，體現在為人民服

務的實踐中。如果在具體工作中不能把黨的事業和人民群眾利益放在心上、落到實處，那就喪失了基本的黨性原則。

歷史和現實一再表明，黨性問題對於馬克思主義政黨來說至關重要。如果黨員、幹部黨性不強，總是意見分歧、各行其是，在思想上和行動上不能做到高度統一，那麼，黨就會成為一盤散沙，毫無戰鬥力可言。抗日戰爭時期，面對嚴峻複雜局面，一部分黨員尤其是少數高級領導幹部的思想和行為中存在獨立主義、分散主義、個人英雄主義等，給革命事業帶來嚴重損害。為了解決這些問題，我們黨在 1941 年 7 月 1 日通過了《中共中央關於增強黨性的決定》，有力促進了黨的事業發展。回顧我們黨 96 年的歷史可以看到，加強黨性教育對於黨的事業發展具有十分重要的意義。尤其是在黨面臨歷史性大考的關鍵時期，更要通過黨性教育來統一思想、統一意志、統一行動，更好肩負新時代的歷史使命。

我們黨在選人用人上一直強調德才兼備、以德為先，黨性便是德的主要內容。無論在任何時期，優秀黨員、高素質領導幹部都具有一個共同特點：有著堅強的黨性。無論任何時候，他們都忠誠於黨的事業，在任何艱難困苦面前都意志堅定、百折不撓；他們嚴格要求自己，有極強的組織紀律性，永遠把黨和人民的利益擺在第一位。正如習近平同志指出的那樣：堅強的黨性，是成為高素質領導幹部的首要條件。一個領導幹部如果黨性不強、政治立場不堅定，總是把個人利益放在第一位，搞本位主義、小圈子、兩面派，無組織無紀律，不忠誠於黨和人民的事業，就算本事再大、能力再強，也不可能成為黨和人民需要的好幹部。一些領導幹部包括高級幹部貪腐落馬也說明，不加強黨性鍛煉、喪失黨性原則，最終就會走向腐化墮落。

　　黨的十九大報告在新時代黨的建設總要求中鮮明提出「以黨的政治建設為統領」。加強黨性鍛煉是黨的政治建設的重要內容。黨員、幹部尤其是領導幹部要通過加強黨性鍛煉，始終堅持黨中央權威和集中統一領導，堅定執行黨的政治路線，嚴格遵守政治紀律和政治規矩，在政治立場、政治方向、政治原則、政治道路上始終同以習近平同志為核心的黨中央保持高度一致。

　　　　　　《人民日報》（2017 年 11 月 15 日　08 版）

堅持思想建黨和制度治黨同向發力

王振海　牛月永

　　習近平同志在黨的十九大報告中指出，堅持全面從嚴治黨，必須以黨章為根本遵循，把黨的政治建設擺在首位，思想建黨和制度治黨同向發力。思想建黨和制度治黨同向發力，是對黨的建設歷史經驗的深刻總結，豐富發展了馬克思主義黨建學說，具有重大理論價值和實踐意義。推動全面從嚴治黨向縱深發展，必須牢牢抓住思想建黨和制度治黨同向發力這個關鍵，不斷推進黨的建設新的偉大工程。

　　思想建黨是我們黨的獨特優勢。思想建黨的根本任務，是解決好黨員、幹部世界觀、人生觀、價值觀這個「總開關」問題。黨員、幹部生活在現實社會的各種複雜關係中，只有教育引導他們牢記黨的宗旨，挺起共產黨人的精神脊樑，才能解決好「總開關」問題，推動黨和國家事業不斷前進。注重思想建設是我們黨的一大創造和獨特優勢。毛澤東同志在古田會議上創造性地提出著重從思想上建黨，通過思想教育實現以無產階級思想改造各種非無產階級思想，使黨員不僅在組織上入黨，更從思想上入黨。此後，我們黨一直高度重視思想建黨。改革開放以來，我們黨大力加強思想建設，組織開展「三講」教育活動、保持共產黨員先進性教育活動和黨的群眾路線教育實踐活動、「三嚴三實」專題教育、「兩學一做」學習教育等，使黨員、幹部普遍受到馬克思主義思想教育。歷史和實踐都表明，只有堅持思想

建黨，我們黨才能始終成為「鐵打的營盤」，才能管好「流水的兵」。

　　制度治黨是全面從嚴治黨的根本保證。我們黨對制度建設重要性的認識，是隨著黨的建設實踐不斷發展而逐步深化的。從中國共產黨誕生到新中國成立後的一段時間，我們黨在領導制度、組織制度、工作制度等方面做了大量工作，但由於思想認識和歷史條件的局限，制度建設和制度執行都不完善。改革開放初期，我們黨在深刻總結黨的建設正反兩方面經驗教訓基礎上，提出「制度是決定因素」的重要論斷，積極探索靠改革和制度建設加強黨的建設的新路子。黨的十八大以來，全面從嚴治黨突出「嚴」的要求，制度治黨駛入快車道。新時代，要進一步樹立法規制度觀念，不斷增強黨員、幹部的黨章意識、紀律意識、規矩意識，形成尊崇制度、遵守制度、捍衛制度的良好氛圍；健全完善制度，強化頂層設計，鼓勵基層創造，構建以黨章為根本、若干配套黨內法規為支撐的黨內法規制度體系，做到前後銜接、左右聯動、上下配套、系統集成；狠抓制度執行，堅持制度面前人人平等、執行制度沒有例外，不留「暗門」、不開「天窗」，使制度成為硬約束。

　　把思想建黨和制度治黨緊密結合起來。管好治好我們這個擁有8900多萬黨員、在13億多人口大國執政的黨，不靠思想教育不行，光靠思想教育也不行；不靠制度不行，光靠制度也不行；必須堅持思想自律和制度他律有機統一。思想建設最終要落實到制度建設上，靠相應的制度來保證其長期、穩定地進行。制度是由人制定和執行的，如果思想建設不到位，那麼，既不可能制定出符合時代要求的黨的建設制度，也不可能很好地貫徹落實這些制度，制度治黨就會成為一句空話。要把思想建黨和制度治黨緊密結合起來，通過思想建黨使黨在思想理論上保持生機活力，解決黨員、幹部理想信念、價值追求問題；

通過制度治黨解決行為規範、約束監督問題，規範黨員、幹部的行為。實踐一再證明，制度治黨離不開科學思想的引領，否則就會迷失方向、成效不彰；思想建黨的成果和經常性要靠制度治黨來保障和鞏固，否則就難以為繼，不能落地生根。在實際工作中，要注重克服思想建黨和制度治黨「兩張皮」的問題，堅持二者一起部署、協同推進，做到剛柔並濟、相得益彰，推動新時代全面從嚴治黨向縱深發展。

《人民日報》（2017 年 11 月 16 日　07 版）

第六章

為完善全球治理貢獻中國智慧

維護人類和平　促進共同發展

劉海年

今年是中國人民抗日戰爭和世界反法西斯戰爭勝利 70 周年。習近平主席致「2015‧北京人權論壇」的賀信，圍繞和平與發展的論壇主題，聚焦世界反法西斯戰爭勝利與中國人權事業發展，對和平權、發展權進行了深刻闡述。認真學習領會這些重要闡述，對於我們堅定不移走中國特色人權發展道路，推動中國人權事業和世界人權事業發展，具有十分重要的意義。

和平權是一項重要人權，即個人、國家和全人類享有和平生活的權利。習近平主席高度重視和平權。他在賀信中指出，中國人民歷經苦難，深知人的價值、基本人權、人格尊嚴對社會發展進步的重大意義，倍加珍惜來之不易的和平發展環境。個人和國家都是和平權的主體。為實現這項權利，必須維護民族獨立和國家主權。在第二次世界大戰和中國人民抗日戰爭中，數千萬人為抗擊德國法西斯和日本軍國

主義，前赴後繼，獻出寶貴的生命，正是為此目的。今天，我們不能忘記包括中國人民在內的全世界熱愛和平與自由的國家和人民為爭取人類和平、發展和人權作出的巨大犧牲和貢獻。

如何實現和平權？習近平主席指出，要構建以合作共贏為核心的新型國際關係，打造人類命運共同體。國家不分大小、強弱和發展先後，都是國際社會平等的一員，應尊重各國自主選擇社會制度和發展道路的權利。如此，世界才能和平，各個國家及其人民的和平權才能真正實現。中國人民銘記歷史，珍愛和平。新中國成立之初，便與印度等國一起首倡和平共處五項原則，之後又與亞非等國共同宣導和平共處十項原則。中國政府捍衛國家主權，維護世界和平，為國家和人民發展營造了良好環境。近年來，西亞、北非一些國家戰火不斷，原有社會秩序被打亂，和平家園變成廢墟，大批民眾背井離鄉，淪為難民。此種局面及其背後緣由，讓人們深感和平來之不易、和平權難能可貴。

所謂發展權，是指個人、民族和國家積極、自由、有意義地參與各項事業發展並公平享有發展帶來的利益和權利。中國一向認為，發展權是人權的重要內容之一。正如習近平主席所指出的，中國堅持把人權的普遍性原則同中國實際相結合，不斷推動經濟社會發展，增進人民福祉，顯著提高了人民生存權、發展權的保障水準。新中國成立後，在黨的領導下，很快便恢復了長期被戰亂破壞的國民經濟。黨的十一屆三中全會後，我們加快發展社會主義市場經濟，建設中國特色社會主義，走出了一條中國特色發展道路，實現了國民經濟持續快速發展。在此基礎上，著力減少貧困人口，不斷提高人民生活水準，實現了人民各項權利的協調發展。

　　在國際社會聯繫更加緊密、經濟全球化深入發展的背景下實現發展權，各國不僅要確保本國和本國人民得到發展，而且要與國際社會一道為消除各種發展障礙而努力。習近平主席在賀信中強調，國際社會應該積極推進世界人權事業，尤其要關注廣大發展中國家民眾的生存權和發展權。我國雖然是發展中國家，但多年來對於遭受自然災害、戰爭破壞和發生大規模傳染病的國家總是予以大力支援。在今年的聯合國發展峰會上，習近平主席代表中國政府宣佈，將設立「南南合作援助基金」，首期提供 20 億美元，支援發展中國家落實 2015 年後發展議程；繼續增加對最不發達國家投資，力爭 2030 年達到 120 億美元；免除對有關最不發達國家、內陸發展中國家、小島嶼發展中國家截至 2015 年年底到期未還的政府間無息貸款債務。這些關注發展中國家民眾生存權和發展權的實際舉措，得到國際社會高度讚譽。

　　習近平主席在賀信中還提出，實現人民充分享有人權是人類社會的共同奮鬥目標。要加強不同文明交流互鑒，促進各國人民交流合作。這也是和平權、發展權很重要的內容。中國自古就是一個統一的多民族國家。長期發展經驗表明，各民族互相學習、團結互助，是反抗外來侵略，捍衛國家主權、領土完整、社會發展與和平生活的重要保證。世界上的不同文明，由於社會制度、歷史文化、思想觀念、宗教信仰不同，不可避免地存在差異。但從歷史進程看，不同文明群體在長期交往中都曾對社會發展和文明進步作出各自貢獻。正如習近平主席所說的，不同文明沒有優劣之分，只有特色之別，要促進不同文明、不同發展模式交流對話，在競爭比較中取長補短，在交流互鑒中共同發展。

　　和平權與發展權相輔相成，對於整個人權事業至關重要。發展權

是各項人權的基礎，和平權是各項人權的保障。對和平權、發展權深入思考和研究，並結合實際情況付諸實踐，將推動我國人權事業和世界人權事業更好發展。

《人民日報》（2015 年 10 月 23 日　07 版）

發展中國家走向現代化的中國啟示

胡鞍鋼 楊竺松

習近平同志在黨的十九大報告中指出,中國特色社會主義進入新時代,意味著中國特色社會主義道路、理論、制度、文化不斷發展,拓展了發展中國家走向現代化的途徑,給世界上那些既希望加快發展又希望保持自身獨立性的國家和民族提供了全新選擇,為解決人類問題貢獻了中國智慧和中國方案。當今世界面臨的最大難題是發展問題,核心是如何讓廣大發展中國家更好實現發展。在如何實現發展這個根本問題上,中國成就塑造中國典範,中國方案彰顯中國智慧,中國貢獻惠及整個世界。具體來看,中國從發展之「核」、發展之「策」、發展之「道」三個方面對發展中國家探尋現代化之路提供重要啟示。

發展之「核」:堅持以人民為中心的發展思想

習近平同志指出:為什麼人的問題,是檢驗一個政黨、一個政權性質的試金石;「人民立場是中國共產黨的根本政治立場,是馬克思主義政黨區別於其他政黨的顯著標誌」。中國共產黨以全心全意為人民服務為根本宗旨,以立黨為公、執政為民為執政理念,在發展問題上始終堅持發展為了人民、發展依靠人民、發展成果由人民共用。從制定現代化建設「三步走」戰略,到提出努力實現「兩個一百年」奮

鬥目標和中華民族偉大復興的中國夢，都反映出中國共產黨堅定的人民立場。

黨的十八大以來，以習近平同志為核心的黨中央牢牢堅持人民立場，進一步形成和發展了以人民為中心的發展思想，堅持把實現好、維護好、發展好最廣大人民根本利益作為發展的根本目的，把增進人民福祉、促進人的全面發展作為發展的出發點和落腳點，維護社會公平正義，保障人民平等參與、平等發展權利，使發展成果更多更公平惠及全體人民，朝著共同富裕方向穩步前進。以人民為中心的發展思想充分體現人民主體地位，充分體現中國共產黨堅持人民至上的價值取向，使中國的發展具有高度人民性。因此，中國的現代化是為了人民的現代化，極大激發了全體人民的積極性、主動性和創造性，人民在整個現代化過程中群策群力、共建共用。這是中國現代化道路越走越寬廣、越來越成功的根本原因，也是中國現代化經驗對發展中國家最重要的啟示。

發展之「策」：中國現代化的路徑選擇

黨的十八大以來，以習近平同志為核心的黨中央提出創新、協調、綠色、開放、共用的發展理念，帶來關係我國發展全域的一場深刻變革，引領中國現代化路徑全面升級。中國現代化路徑主要有以下三方面特色。

推動新型工業化、信息化、城鎮化、農業現代化同步發展。習近平同志指出：我國現代化同西方發達國家有很大不同。西方發達國家是一個「串聯式」的發展過程，工業化、城鎮化、農業現代化、信息

化順序發展，發展到目前水準用了二百多年時間。我們要後來居上，把「失去的二百年」找回來，決定了我國發展必然是一個「並聯式」的過程，工業化、信息化、城鎮化、農業現代化是疊加發展的。黨的十八大以來，在工業化方面，我國主動把握世界新一輪科技革命和產業革命機遇，大力實施創新驅動發展戰略，進一步加快科技創新和技術改造，大力發展先進製造業、高技術產業和戰略性新興產業，形成具有國際競爭力的若干優勢產業和一批骨幹企業，走出了新型工業化道路。在信息化方面，積極實施「互聯網＋」行動計畫，帶動全社會興起創新創業熱潮，信息經濟在我國國內生產總值中的占比不斷攀升，新產業、新業態、新商業模式不斷湧現。在城鎮化方面，大力推進以人為核心的新型城鎮化，把解決好人的問題作為推進新型城鎮化的關鍵，更加注重科學規劃城鎮空間佈局和產業佈局，更加注重提高戶籍人口城鎮化率，更加注重城鄉基本公共服務均等化，更加注重環境宜居和歷史文脈傳承，更加注重提升人民群眾獲得感和幸福感。在農業現代化方面，始終把解決「三農」問題作為重中之重，以新型工業化、信息化、城鎮化促進農業現代化，通過工業反哺農業、城市支持農村和強農惠農富農舉措逐步改變城鄉二元結構，推動城鄉發展一體化，走出一條中國特色農業現代化之路。

推進基礎設施革命，跨越「發展鴻溝」。基礎設施落後是眾多發展中國家的發展瓶頸，也是很多發展中國家難以跨越的「發展鴻溝」。改革開放以來，中國大力開展基礎設施建設，實現基礎設施革命。1950 年，中國鐵路總里程僅有 2.18 萬公里，高速公路里程數為零。2016 年末，中國鐵路運營總里程已達 12.4 萬公里，其中高速鐵路 2.2 萬公里以上，相當於全球高速鐵路運營總里程的 2/3，高速鐵路已成

為中國自主創新和中國製造走出去的新名片。2014 年末,中國高速公路總里程突破 11 萬公里,超過美國成為世界第一;2016 年末又增至 13.1 萬公里。中國主要港口集裝箱吞吐總量也已多年穩居世界第一。中國還建成一大批高水準重大交通樞紐工程,形成多節點、網格狀、全覆蓋的綜合交通運輸基礎設施網絡,交通基礎設施對經濟社會發展的作用已從改革開放之初的「瓶頸制約」轉變為「重要支撐」。在互聯網時代,信息基礎設施也是重要的基礎設施。近年來,中國在互聯網領域的優勢日益凸顯,數字經濟已成為中國經濟重要的新增長點。2000 年中國互聯網普及率僅為 1.8%,2017 年 6 月已達 54.3%,超過全球平均水準 4.6 個百分點。中國網絡零售市場規模已躍居世界第一,數字經濟總量在 2016 年末達 22.6 萬億元,占 GDP 的比重達 30.3%,成為國民經濟的重要組成部分。中國持續數十年推進世界最大規模的交通和信息基礎設施建設,促進地區性、全國性市場規模擴大及深度一體化,使中國地區間經濟社會發展差距持續縮小,現代化進程不斷加快。要想富,先修「路」。這一將基礎設施革命作為發展推動力的重要經驗正在體現出越來越大的正外部性。中國在「一帶一路」建設中將設施聯通作為重點,為廣大發展中國家提供基礎設施建設經驗、技術設備、資金、人才,加快了發展中國家在現代化道路上的追趕腳步。

　　推進民生改善,全方位促進人的現代化。我們黨領導人民進行改革開放和社會主義現代化建設的根本目的,就是要通過發展社會生產力,不斷提高人民物質文化生活水準,促進人的全面發展。習近平同志指出:檢驗我們一切工作的成效,最終都要看人民是否真正得到了實惠,人民生活是否真正得到了改善,人民權益是否真正得到了保障。中國的現代化也是人的現代化,始終堅持在人民中尋找發展動力、依

靠人民推動發展、使發展造福人民。黨的十八大以來，我們努力辦好人民滿意的教育，國家財政性教育經費支出占國內生產總值的比重連續 5 年保持在 4% 以上，義務教育普及率已超過高收入國家平均水準，高中階段教育和高等教育毛入學率均超過中高收入國家平均水準。加快推進健康中國建設，居民健康水準總體上已處於中高收入國家行列。繼續將擴大就業作為經濟持續健康發展和民生改善的優先目標，深入實施就業優先戰略和更加積極的就業政策，實現城鎮新增就業人數年均超過 1300 萬人。不斷深化社會保障制度改革，覆蓋城鄉的社會保障網進一步織密紮緊。秉持保護生態環境就是保護生產力、改善生態環境就是發展生產力的理念，大力推進生態文明建設，更加自覺地推動綠色發展。打響脫貧攻堅戰，堅持精準扶貧、精準脫貧基本方略，確保到 2020 年現行標準下農村貧困人口實現脫貧，貧困縣全部摘帽，為發展中國家減少和消除貧困作出榜樣。中國的現代化全方位改善人民生活品質，提高人的發展能力，激發人的創造力，促進人的全面發展和社會全面進步。

發展之「道」：中國現代化之路的方法論

在現代化道路上，中國成功實現對西方國家的快速追趕，其重要原因在於中國現代化具有科學的方法論。

形成能夠團結全國人民的堅強領導核心。中國之所以能夠找到正確的現代化道路，關鍵在於有中國共產黨的正確領導。正如習近平同志所指出的，中國產生了共產黨，「深刻改變了近代以後中華民族發展的方向和進程，深刻改變了中國人民和中華民族的前途和命運，深

刻改變了世界發展的趨勢和格局」。只有形成堅強領導核心，才能團結全國人民，振奮民族精神，彙聚起實現現代化的強大合力。

從實際出發選擇與本國國情相適應的發展道路，堅定不移走下去。習近平同志指出，鞋子合不合腳，只有穿的人才知道。中國走社會主義道路，是中國人民在時代巨變中作出的鄭重選擇，也是在舊中國半殖民地半封建社會條件下逐步走上現代化道路的唯一正確選擇。不同國家有不同國情，只有適合本國國情的道路才是唯一正確的道路；一旦選擇了正確道路，就要堅定不移走下去，不徘徊、不折騰，一代代人接力奮鬥。

勇於和善於推動自我革新，保持制度生命力。習近平同志指出：「改革開放是決定當代中國命運的關鍵抉擇，是黨和人民事業大踏步趕上時代的重要法寶。」正是通過改革，中國制度才始終保持旺盛生命力，中國面貌才發生巨大變化。改革是創新工程，它對制度體系除弊興利，使制度體系始終保持對環境變化的適應性；改革是系統工程，要有系統思維，遵循科學有序的路徑推進改革；改革是長期工程，在不同時期有不同目標、不同重點，但改革事業永無止境。

把握國內國際兩個大局，在互利共贏中構建人類命運共同體。習近平同志創造性地提出構建人類命運共同體的重大命題，引領中國特色大國外交，積極推進全球治理體系變革，使中國的現代化順應和平、發展、合作、共贏的時代潮流，使中國負責任、具備全球領導力的大國形象日益深入人心。中國堅持走和平發展道路，既積極爭取和平的國際環境發展自己，又以自身發展促進世界和平，讓世界分享中國的機遇，為世界發展注入強大正能量，使各國人民受益，使全人類受益。

《人民日報》（2017 年 12 月 04 日　07 版）

中國方案的中國特色

程美東

　　習近平同志在黨的十九大報告中明確指出，中國特色社會主義道
路、理論、制度、文化不斷發展，拓展了發展中國家走向現代化的途
徑，給世界上那些既希望加快發展又希望保持自身獨立性的國家和民
族提供了全新選擇，為解決人類問題貢獻了中國智慧和中國方案。為
解決人類問題貢獻中國智慧和中國方案，凸顯出中國參與全球治理的
積極性、主動性，展現了中國作為負責任大國為人類文明發展作出的
重大貢獻。

　　2008 年國際金融危機爆發後，全球經濟治理體系和規則面臨重大
調整。中國道路的探索和成就引發世界更多思考。從與世界接軌到與
世界相互影響，再到為世界和平與發展作出越來越多的重大貢獻，中
國已經成為全球穩定之錨，為充滿不確定性的世界增加更多確定性，
為共同發展的前景帶來曙光。

　　**中國方案是對近代以來西方文明中心論的一種超越，是發展方式
的新選擇。**近代以來，隨著西方國家的發展強大，西方文明在全球範
圍傳播，一些國家甚至陷入對西方文化的迷信。事實上，任何一種文
明形式都不可能到處適用，也不可能一成不變。西方文明無論在其主
體發源地、生長地，還是受其輻射的其他國家和地區，其內容和實踐
方式都不是固定不變和單一的，其實踐效果的複雜性更是超出人們的

想像。中國通過自身實踐，尤其是改革開放以來的成功實踐，使人們認識到西方文明不是人類文明的終結。今天的中國在探索人類文明發展的過程中，以中國人自己的智慧和勇氣，走出中國特色社會主義道路。中國道路讓我們有自信有底氣向世界展示中國方案和中國智慧，其目的不是為了強行推廣中國模式，而是為世界文明提供一種有益參考。正如習近平同志所說，中國將從世界和平與發展的大義出發，貢獻處理當代國際關係的中國方案，貢獻完善全球治理的中國智慧，為人類社會應對 21 世紀的各種挑戰作出自己的貢獻；要尊重世界文明多樣性，以文明交流超越文明隔閡、文明互鑒超越文明衝突、文明共存超越文明優越。

中國方案蘊涵著自身的改革發展經驗和方法論。中國方案源於我們黨對共產黨執政規律、社會主義建設規律、人類社會發展規律認識的深化，源於我們運用馬克思主義基本原理解決中國問題與人類共同面臨問題的自覺與自信，是在中國特色社會主義實踐過程中積累的一系列具有普遍意義和世界價值的改革發展經驗。比如，一切從實際出發，走自己的路，發展是硬道理，摸著石頭過河，堅持發展速度、改革力度與社會可承受程度相統一，循序漸進改革，加強頂層設計，獨立自主地參與經濟全球化，等等。這是我們黨在對社會主義道路堅定認識基礎上通過大膽地試、大膽地闖而得出的寶貴經驗，也是為人類發展貢獻的重要智慧。

中國方案也預示著建設人類命運共同體、共同創造人類美好未來，需要更豐富多樣的文明支撐。中國方案不是排他的，而是合作的；不是照抄照搬的，而是富有中國特色的。中國方案有自己的文化載體，就是中國話語體系。走自己的路，破除對西方中心論的迷信，必然要

走出「言必稱希臘」、言必稱文藝復興、言必稱啟蒙運動等對西方話語的簡單、盲目模仿。而要做到這一點，就需要有新的話語體系來對中國自己的發展進行恰當表達。中國方案的很多內容只有通過中國話語體系才能彰顯其特色，才能為人所理解。比如，新發展理念、協商民主、社會主義核心價值觀等，這些理論和實踐的內容是中國的，形式也是中國的，要用中國話語體系才能更清晰準確地闡明其思想內涵。中國方案讓人類文明話語體系中增加了中國元素，增進了世界人民對中國文化和中國發展的瞭解和認同，也使得中國話語能夠為人類文明進步貢獻獨特力量。

《人民日報》（2017 年 11 月 27 日　07 版）

人類命運共同體理念彰顯先進世界觀

王德穎

　　當今世界正處在大發展大變革大調整時期，和平、發展、合作、共贏的時代潮流更加強勁。與此同時，人類社會也處於挑戰層出不窮、風險日益增多的時期。「世界怎麼了、我們怎麼辦？」這一「世界之問」，表達了人們對人類前途命運的深切憂慮。

　　面對變革與變亂並存的世界，國際社會懷著期待與迷茫交織的心情，期盼能夠引領人們開拓前進的堅定信念和可行方案。習近平主席指出：「讓和平的薪火代代相傳，讓發展的動力源源不斷，讓文明的光芒熠熠生輝，是各國人民的期待，也是我們這一代政治家應有的擔當。中國方案是：構建人類命運共同體，實現共贏共用。」這一中國方案，結合中國思想、中國理念、中國實踐，為在和平與發展的馬拉松跑道上奔跑的人們指明方向、注入能量。人類命運共同體理念超越西方主流國際關係理論，蘊含重大理論價值和實踐意義，必將有力促進人類和平與發展的崇高事業。

　　任何重大理論創新都不是無源之水、無本之木，而是在繼承前人思想精髓的基礎上，結合新的時代條件和具體實踐發展起來的。回顧人類發展史，人類社會演進是一個由較小群體形成較大群體、由信息封閉走向信息共用、由相互隔膜走向相互依存、由觀念差異走向觀念融合的過程。馬克思、恩格斯曾明確提出並系統闡釋共同體思想，他

們把作為無產階級奮鬥目標的共產主義社會命名為「自由人聯合體」。在這種共同體中，個人是世界歷史性的、經驗上普遍的個人，是自由而全面發展並因此具有豐富個性的「自由人」。馬克思、恩格斯的共同體思想，為人類命運共同體理念奠定了堅實理論基礎。

構建人類命運共同體是經濟全球化的內在要求。上世紀 90 年代以來，經濟全球化以前所未有的規模和速度快速發展並改變世界。它不僅改變世界的面貌，而且改變人們對世界的看法。正如馬克思、恩格斯在《德意志意識形態》中所說，只有隨著生產力的普遍發展，人們之間的普遍交往才能建立起來。普遍交往把區域性、民族性的歷史帶入全球範圍，不同的文化在相遇相知中交流互鑒。隨著自由貿易的發展和世界市場的形成，隨著工業化、信息化的推進以及與之相適應的生活方式趨於一致，各國人民之間的分隔和對立日益消失。過去那種孤立片面、相互對立的舊觀念逐漸被整體、全面、相互聯繫的新理念所取代。舊觀念容易引發衝突、戰爭，新理念宣導相互依存、共同發展。因此，構建人類命運共同體代表著人類先進的世界觀。

構建人類命運共同體，意味著同住「地球村」的各國人民共同發展、和諧生活，體現了中國人自古信奉的「世界大同，天下一家」哲學觀。中華優秀傳統文化中的「天下觀」源遠流長，無內無外、天下一家是其核心原則，協和萬邦、世界大同是其終極目標。這種「天下觀」與和而不同、和為貴等「和文化」有機結合，構成中國人處理與外部世界關係的基本準則。

人類命運共同體理念汲取「天下觀」與「和文化」的思想精髓，將攸關中國前途命運的中國夢與攸關世界各國前途命運的世界夢緊密連接在一起，讓世界各國共用中國智慧、中國經驗，既讓世界發展成

為中國的機遇，又讓中國發展成為世界的機遇。構建人類命運共同體，彰顯解答「世界之問」的中國智慧。

《人民日報》（2017 年 11 月 20 日　07 版）

描繪世界共同發展新圖景

李　文

近年來，習近平同志深入思考新的世界形勢下國家間相處之道，在 2014 年 11 月召開的中央外事工作會議上提出構建以合作共贏為核心的新型國際關係。這一重要論述與他在其他場合的有關論述形成一個完整的理論體系，科學概括了我國在走向富強民主文明和諧過程中正確處理自身與世界關係的成功經驗，深刻揭示了當今世界國際關係發展的規律和特徵，為人類社會把握、描述和解釋發展變化中的世界圖景提供了新視角新依據，為世界文明發展探索了新道路新方向。

時代發展特徵的新揭示

第二次世界大戰結束後，國際關係的性質和面貌發生巨大改變。20 世紀八九十年代，我國在鄧小平同志提出的不結盟、不當頭、不稱霸原則指導下，成功走上和平發展道路，為世界進入和平與發展時代作出重大貢獻，人類社會從對立、矛盾、衝突轉向和平、合作、和諧發展的新階段。伴隨世界多極化、經濟全球化、文化多樣化、社會信息化進程的加速，各國相互聯繫、相互依存日益加深，國際格局加速調整和變革。以我國為代表的新興經濟體和發展中國家經濟持續增長，為世界經濟發展注入新的強勁動力；世界上主要國家充分認識到避免

衝突和對抗，走相互尊重、合作共贏之路的必要性和重要性，人類社會規避大規模相互殺戮風險的能力顯著提升。

新時代需要新智慧，新變化產生新思想。以「和平、發展、合作、共贏」為核心內容的新型國際關係理論，是習近平同志通過對「二戰」結束以來世界發展的性質、原因和趨勢，尤其是世界格局出現的新情況、新問題的觀察和分析作出的新判斷、新闡釋、新預見，是對世界各國和各國人民推進和平與發展這一崇高事業所取得實踐經驗的科學概括及理性昇華。新型國際關係理論的誕生，標誌著今日人類社會對自身歷史的把握、現實世界的認識和未來發展的探索達到了一個新高度，它所具有的重大意義將隨著時間推移而日益顯現。

近年來，在以往相當長一個時期影響廣泛的西方國際關係理論趨於僵化和保守，新興經濟體和發展中國家雖然對思想創新的重要意義有所認識，但缺少重大建樹，國際關係理論創新與現實發展需要之間的矛盾日顯突出。習近平同志順應時代發展潮流，代表新興經濟體和發展中國家的利益和願望，在世界舞臺發出與不斷增長的經濟實力和不斷提升的國際地位相匹配的聲音，給陷入沉寂停滯狀態的國際關係思想理論界帶來新的活力與生機。

對現有理論的超越與發展

在新形勢下，西方學者也力圖有所作為。新現實主義一派提出「霸權穩定論」，主張打造一個無所不能的超級大國來統領國際事務；自由主義一派提出「全球治理論」，主張各國弱化主權，制定共同的規則來管理世界；建構主義一派拋出「普世價值論」，主張推廣某種自

認為先進的價值觀和社會制度來一統天下。但這些「新學說」在解釋複雜而深刻變化的世界時捉襟見肘，在指導現實社會實踐時表現出嚴重的局限性，甚至成為世界局部地區和少數國家社會失序、政治動盪的思想根源。

新型國際關係理論超越現有理論框架，主張決定人類社會穩定和發展的因素不在於以對立和對抗為出發點的權力制衡，而在於以和平與發展為出發點的合作與共贏。在經濟全球化大背景下，地球村不再是你死我活、我贏你輸的角鬥場，而成為所有國家風雨同舟的命運共同體；全球範圍內共同安全、合作安全、發展安全和可持續安全程度的明顯提升，為各國安全提供了重要保障；絕大多數國家成為國際秩序和國際體系的參與者、完善者和創新者，已有國際規則、合作機制與適應發展需要產生的新規則和新合作框架之間不再相互排斥和抵觸，而是相容共生、相互補充、相互促進；國家不分大小強弱平等相待，發展中國家尊重已經在發展上取得突出成就的國家，發達國家則應客觀理性看待別國發展壯大及其政策理念，避免新興大國與守成大國走向衝突對抗的老路；宣導建設摒棄對立、對抗因素，更具有超越性、平等性、和平性、包容性和建設性的夥伴關係。

習近平同志指出：「正如一棵大樹上沒有完全一樣的兩片樹葉一樣，天下沒有放之四海而皆準的經驗，也沒有一成不變的發展模式。」新型國際關係理論打破西方「自由民主」價值和社會制度是世界所有國家唯一正確選擇的神話，認可和包容世界本身的多元性和多樣性，堅持國際社會應尊重各國根據國情對發展道路和社會制度的選擇，尊重彼此核心利益和重大關切。新的國際關係格局趨於求同存異、聚同化異，將世界多樣性和各國差異性、複雜性轉化為發展活力和動力，引導不同文明、不同發展道路和社會制度共同參與、共同發展。

　　新型國際關係理論重視培育理想信念，將公平正義的重要性提升到一個新的歷史高度，主張世界各國和各國人民應攜手並肩、共同推動國際體系和國際秩序向著更加公平合理的方向發展，推進國際關係民主化和國際治理法治化，尤其是維護好廣大發展中國家的正當權益；主張國際政治應講信義、重情義、揚正義、樹道義；強調以民為本，突出人民主體地位，致力於打造一個不但物質富裕而且有理想信念的世界，讓世界各國人民不但能共用發展成果、過上更加寬裕的生活，而且能共用安全保障、過上避免恐懼的生活，能共用尊嚴、過上更富精神內涵的生活。

增強道路、理論和制度自信

　　新型國際關係理論包含深刻的發展道理，具有清晰的歷史邏輯，寄託著愛好和平人民的共同嚮往。可以預期，隨著新興大國和發展中國家國際地位不斷上升，這一理論將以其強大的解釋力、預測力和影響力在國際關係思想理論領域佔據越來越重要的地位，促使發展中國家主要用西方學說和標準詮釋本土經驗和世界發展的時代成為歷史。它的不斷豐富和發展，將有力改變發達國家和發展中國家在多數情況下表現出的主動與被動、支配與被支配關係。

　　新型國際關係理論是新興經濟體和發展中國家通過對自身發展經驗、對融入世界切身體會的總結而發出的時代強音。在過去一個時期，雖然新興經濟體和發展中國家在世界經濟中的權重顯著加大，但由於在理論創新方面未能實現同步，導致其在國際社會一直未能獲得相應的地位和話語權，在精神資源配置中處於不利地位，限制和束縛了其設定國際規則和決定政治議題的機會和能力。新型國際關係理論給新

與大國和發展中國家提供了精神指導，肯定和證明了他們的存在價值，增強了他們維護自身利益訴求的合理性與合法性，有利於他們增強對自身道路和制度選擇的自信。

新型國際關係理論是現階段我國為世界貢獻的寶貴精神財富。我國是世界上最大的發展中國家、最重要的社會主義國家和擁有五千年文明史的國家。改革開放以來，我國對世界經濟發展的貢獻越來越大，2010 年已成為世界第二大經濟體。與經濟發展貢獻相適應，我國應及時提出具有強大生命力的理論學說，在真正成為世界級大國的同時貢獻思想理論智慧。新型國際關係理論凝聚中國經驗，詮釋中國故事，彰顯中國氣派，充分表明我國有能力推出新的思想體系，有能力參與世界知識體系的建構與革新。

新型國際關係理論引導、規範和塑造中國人民觀察現實和解決現實問題的世界觀和方法論，是新時期中國人民共同的價值理念和價值追求。我國發展成功的重要原因之一，就是沒有跟在西方國家後面亦步亦趨，而是堅持走中國特色社會主義現代化道路。正如新加坡政要李光耀生前所說的那樣：「中國是按照自己的方式被世界接受的，而非作為西方社會的榮譽成員。這種接受本身就為我們這個世界求同存異、共同發展提供了一個成功範例。」在堅持走中國特色大國外交之路方面，中國創建亞洲基礎設施投資銀行，目的不是削弱、挑戰和替代既有多邊金融機構，而是與這些機構互補共進、協調發展；「一帶一路」倡議秉持「共商、共建、共用」原則，突出開放性、包容性、多元性特點，目的同樣是在現有地區合作機制和倡議基礎上，推動沿線國家實現發展戰略相互對接、優勢互補。

《人民日報》（2015 年 05 月 26 日　07 版）

發展中國家走向現代化的中國智慧

陳金龍

　　習近平同志在黨的十九大報告中指出，中國特色社會主義進入新時代，意味著中國特色社會主義道路、理論、制度、文化不斷發展，拓展了發展中國家走向現代化的途徑，給世界上那些既希望加快發展又希望保持自身獨立性的國家和民族提供了全新選擇，為解決人類問題貢獻了中國智慧和中國方案。這彰顯了中國特色社會主義道路自信、理論自信、制度自信、文化自信，揭示出中國特色社會主義偉大實踐在人類社會發展史上的重大意義。

從國情出發自主選擇現代化道路

　　如何選擇現代化道路，是包括中國在內的所有發展中國家面臨的一道難題。第二次世界大戰結束後，許多發展中國家仿照西方模式推進現代化，結果卻事與願違，陷入發展困境。中國特色社會主義的重要成功經驗之一，就是從中國國情出發選擇現代化道路，保持發展的自主性。

　　從國情出發選擇現代化道路。各國歷史積澱、文化傳統、現實條件不同，決定了現代化道路不可能完全一樣。走自己的路，是中國特色社會主義取得成功的重要經驗。中國特色社會主義道路從一開始就強調從國情出發進行探索，保持道路選擇的自主性，沒有照搬別國的

政治制度和發展模式。習近平同志指出，獨特的文化傳統，獨特的歷史命運，獨特的基本國情，註定了我們必然要走適合自己特點的發展道路。我們黨在推進現代化過程中反復強調一定要牢記社會主義初級階段這一基本國情，把基本國情作為我國探索現代化道路的基本依據。這說明，發展中國家走向現代化，應注意從本國的歷史積澱、文化傳統、發展基礎等因素出發選擇發展道路。脫離國情、照搬他國模式，不僅會水土不服，而且會帶來嚴重後果，延緩現代化進程。

從國情出發確立現代化目標。中國特色社會主義從社會主義初級階段的國情、發展中國家的實際出發，制定出符合中國發展實際的現代化目標，努力實現國家富強、民族振興、人民幸福，以目標為導向引領現代化進程。習近平同志指出：「人民對美好生活的嚮往，就是我們的奮鬥目標。」黨的十九大提出到本世紀中葉建成富強民主文明和諧美麗的社會主義現代化強國，豐富和發展了中國現代化目標的內涵，既保持了現代化的戰略定力，又提升了所要實現的現代化水準。這說明，發展中國家走向現代化，應正確確立現代化的目標與任務。現代化的內涵雖然有多個向度，但人民幸福應該是現代化的旨歸。

從國情出發謀劃現代化進程。任何一個國家走向現代化都要經歷一個長期過程，需要依據現代化的目標和任務將這一過程劃分為不同發展階段，通過階段性目標的實現保障總目標的完成。黨的十八大以來，以習近平同志為核心的黨中央扭住「兩個一百年」奮鬥目標，將實現中華民族偉大復興的中國夢作為發展願景，對中國走向現代化的步驟、階段進行了科學謀劃。黨的十九大報告對實現第二個百年奮鬥目標進行科學佈局，分兩個階段來安排：第一個階段，從 2020 年到 2035 年，在全面建成小康社會的基礎上，再奮鬥 15 年，基本實現社會

主義現代化；第二個階段，從 2035 年到本世紀中葉，在基本實現現代化的基礎上，再奮鬥 15 年，把我國建成富強民主文明和諧美麗的社會主義現代化強國。這說明，發展中國家走向現代化不可能一步到位，應將現代化這一總目標分解為若干具體任務，依據任務將現代化過程劃分為若干具體階段，積小步為大步，以累進求突破。

彙聚多方力量推動現代化

現代化的力量從何而來？這是發展中國家走向現代化必須思考和回答的問題。中國特色社會主義的成功經驗，就在於通過改革創新、人民群眾主體作用的發揮、中國共產黨領導作用的彰顯來獲得現代化的推動力量，而不是寄希望於外力來推動國家現代化。

依靠改革創新的內生力量。改革是現代化的內生動力，每個國家走向現代化都離不開改革。習近平同志指出：「改革開放是當代中國發展進步的活力之源，是我們黨和人民大踏步趕上時代前進步伐的重要法寶，是堅持和發展中國特色社會主義的必由之路。」正因如此，我們黨把「堅持全面深化改革」納入新時代堅持和發展中國特色社會主義的基本方略。創新是一個國家走向現代化的不竭動力。中國社會主義現代化之所以能走在持續健康發展的道路上，關鍵在於將創新作為引領發展的第一動力。發展中國家走向現代化，應通過改革激發內生發展動力，以創新獲得持續前進動力，不斷推進理論創新、實踐創新、制度創新、文化創新以及其他各方面創新，激發各方面的蓬勃活力。

依靠人民群眾的主體力量。人民群眾的積極性、主動性、創造性及其實踐智慧和實踐經驗，是中國特色社會主義的力量源泉。習近平

同志指出：「改革開放在認識和實踐上的每一次突破和發展，改革開放中每一個新生事物的產生和發展，改革開放每一個方面經驗的創造和積累，無不來自億萬人民的實踐和智慧。」這是對人民群眾主體地位的充分肯定。他在黨的十九大報告中強調：「人民是歷史的創造者，是決定黨和國家前途命運的根本力量。」發展中國家走向現代化，應注意調動人民群眾的積極性、主動性、創造性，彙聚人民群眾的智慧與創造，從而找到現代化道路、破解現代化難題、實現現代化目標。

　　依靠先進政黨的領導力量。實現國家現代化需要先進政黨的堅強領導，對於後發國家來說尤其如此。中國社會主義現代化建設之所以能取得輝煌成就，最根本的是有中國共產黨這個堅強領導核心。正是有了這個領導核心，我國社會主義現代化才有科學理論和正確路線方針政策的指導，才能取得舉世矚目的偉大成就。黨的十八大以來，習近平同志多次強調：「中國特色社會主義最本質的特徵是中國共產黨領導，中國特色社會主義制度的最大優勢是中國共產黨領導。」黨的十九大報告進一步把「堅持黨對一切工作的領導」作為新時代堅持和發展中國特色社會主義的基本方略之一。發展中國家走向現代化，需要先進政黨選擇現代化道路、制定現代化方案、推進現代化實踐，最終實現現代化目標。

有效協調現代化過程中的重大關係

　　現代化涉及發展轉型、制度重塑、利益調整、理念更新，需要有效協調現代化過程中的重大關係，化解各種矛盾衝突。中國特色社會主義的成功經驗和實踐智慧之一，就在於注重協調重大關係，平穩有

序推動現代化進程。

實現各領域發展的平衡協調。現代化是經濟社會的全面發展和進步，經濟發展、政治民主、文化繁榮、社會和諧、生態良好都是現代化的題中應有之義，任何一個方面缺失或成為短板都會延緩現代化進程。我國社會主義現代化建設是從發展不平衡不協調逐步邁向平衡協調的過程，尤其是黨的十八大以來，我們黨統籌推進「五位一體」總體佈局、協調推進「四個全面」戰略佈局，協調發展成為新發展理念的重要內容。黨的十九大報告進一步對我國社會主要矛盾作出新概括：我國社會主要矛盾已經轉化為人民日益增長的美好生活需要和不平衡不充分的發展之間的矛盾。這表明，發展不平衡不充分的問題已成為滿足人民日益增長的美好生活需要的主要制約因素，我們要在繼續推動發展的基礎上，著力解決好發展不平衡不充分的問題。發展中國家走向現代化，應協調推進經濟、政治、文化、社會、生態文明等各領域、各方面建設，注重發展的平衡性，避免因出現明顯短板而延緩現代化進程。

實現經濟社會發展與人的全面發展的平衡協調。人的全面發展既是現代化的目標歸宿，又是經濟社會發展的重要條件。中國特色社會主義追求經濟社會發展與人的全面發展同步，通過經濟社會發展促進人的全面發展，以人的全面發展為經濟社會發展注入不竭動力。黨的十八大以來，我國大力推動經濟社會協調發展，為人的全面發展創造條件，而人的全面發展又進一步推動我國經濟社會實現更高層次、更高水準的發展。黨的十九大報告進一步強調，「堅持以人民為中心的發展思想，不斷促進人的全面發展」。發展中國家走向現代化，在推動經濟社會發展的同時，不能忽略人的現代化與人的發展，應努力實現經濟社會發展與人的全面發展平衡協調。

　　實現傳統與現代的平衡協調。在現代化過程中，如果割裂與拋棄民族優秀文化傳統，現代化就會成為無源之水、無本之木。正如習近平同志所指出的：「拋棄傳統、丟掉根本，就等於割斷了自己的精神命脈。博大精深的中華優秀傳統文化是我們在世界文化激蕩中站穩腳跟的根基。中華文化源遠流長，積澱著中華民族最深層的精神追求，代表著中華民族獨特的精神標識，為中華民族生生不息、發展壯大提供了豐厚滋養。」中國在現代化過程中高度重視對中華優秀傳統文化的吸收與借鑒，著力實現中華優秀傳統文化的創造性轉化、創新性發展，做到不忘本來、吸收外來、面向未來，使中國的現代化具有深厚的文化底蘊和歷史根基。發展中國家走向現代化，應注意協調傳統與現代的關係，將優秀傳統文化融入現代化之中，避免因為傳統與現代的衝突而影響現代化進程。

　　實現改革發展穩定的平衡協調。社會動盪和不穩定是困擾很多發展中國家現代化進程的難題。中國在推進社會主義現代化過程中，始終重視處理好改革、發展、穩定的關係，強調改革是動力、發展是目的、穩定是前提，改革和發展要有穩定的政治和社會環境。習近平同志在黨的十九大報告中既強調全面深化改革、強調發展是解決我國一切問題的基礎和關鍵，又強調堅持總體國家安全觀、強調加強和創新社會治理，為新時代實現改革發展穩定的平衡協調提供了思想指南和路徑指引。可以說，注重把改革的力度、發展的速度和社會可承受的程度統一起來，做到在政治和社會穩定中推進改革和發展、在推進改革和發展中實現政治和社會長期穩定，這是中國現代化平穩有序推進的一條重要經驗，為發展中國家走向現代化提供了中國智慧。

《人民日報》（2017 年 11 月 22 日　07 版）

新社會主義研究叢刊　AA201023

中國共產黨為什麼是偉大的黨

主　　編　人民日報社理論部
版權策劃　李換芹

發 行 人　林慶彰
總 經 理　梁錦興
總 編 輯　張晏瑞
編 輯 所　萬卷樓圖書（股）公司
排　　版　小漁
封面設計　小漁
印　　刷　百通科技（股）公司

出　　版　昌明文化有限公司
　　　　　桃園市龜山區中原街 32 號
電　　話　(02) 23216565
發　　行　萬卷樓圖書（股）公司
　　　　　臺北市羅斯福路二段 41 號 6 樓之 3
電　　話　(02) 23216565
傳　　真　(02) 23218698
電　　郵　SERVICE@WANJUAN.COM.TW
大陸經銷
廈門外圖臺灣書店有限公司
電郵　JKB188@188.COM

ISBN 978-986-496-563-2 （平裝）
2020 年 3 月初版一刷
定價：新臺幣 380 元

如何購買本書：
1. 劃撥購書，請透過以下帳號
　　帳號：15624015
　　戶名：萬卷樓圖書股份有限公司
2. 轉帳購書，請透過以下帳戶
　　合作金庫銀行古亭分行
　　戶名：萬卷樓圖書股份有限公司
　　帳號：0877717092596
3. 網路購書，請透過萬卷樓網站
　　網址 WWW.WANJUAN.COM.TW
　　大量購書，請直接聯繫，將有專人
　　為您服務。(02) 23216565 分機 610

如有缺頁、破損或裝訂錯誤，請寄回
更換

國家圖書館出版品預行編目資料

中國共產黨為什麼是偉大的黨 / 人民日
報社理論部編 .— 初版 .— 桃園市：昌
明文化出版；臺北市 ： 萬卷樓發行，
2020.03
面 ；　公分
ISBN 978-986-496-563-2 （平裝）
1. 中國共產黨

576.25　　　　　　　　　109003291

《中國共產黨為什麼是偉大的黨》©簡體中文版2018年1月第1版　人民日報出版社
本著作物經廈門墨客知識產權代理有限公司代理，由人民日報出版社有限責任公司授權萬卷樓圖書股份
有限公司（臺灣）出版、發行中文繁體字版版權。